잊고 있던 아름다움을 다시 만나다

한 번뿐인 삶이 내게 말했다

김선옥 지음

한 번뿐인 삶이
내게
말했다

초판 1쇄 발행 2025년 12월 1일

지은이 김선옥
발행인 권선복
편 집 권보송
디자인 서보미
마케팅 권보송
전자책 서보미
발행처 도서출판 행복에너지
출판등록 제315-2011-000035호
주 소 (157-010) 서울특별시 강서구 화곡로 232
전 화 0505-613-6133, 010-3267-6277
팩 스 0303-0799-1560
홈페이지 www.happybook.or.kr
이 메 일 ksbdata@daum.net

값 20,000원
ISBN 979-11-24134-03-0 (03190)

Copyright ⓒ 김선옥, 2025

* 이 책은 저작권법에 따라 보호받는 저작물이므로 무단전재와 무단복제를 금지하며, 이 책의 내용을 전부 또는 일부를 이용하시려면 반드시 저작권자와 〈도서출판 행복에너지〉의 서면 동의를 받아야 합니다.

도서출판 행복에너지는 독자 여러분의 아이디어와 원고 투고를 기다립니다. 책으로 만들기를 원하는 콘텐츠가 있으신 분은 이메일이나 홈페이지를 통해 간단한 기획서와 기획의도, 연락처 등을 보내주십시오. 행복에너지의 문은 언제나 활짝 열려 있습니다.

잊고 있던 아름다움을 다시 만나다

한 번뿐인 삶이 내게 말했다

김선옥 지음

행복은
감사하는 사람의 것

내 인생 가장 슬펐던 때가 언제였을까? 지난날을 되돌아보니, 우리 어머니가 갓 태어난 아기에게 젖을 물려 간신히 살려낸, 내 사촌 동생이 스물다섯 살 꽃다운 나이에 지병으로 세상을 떠났을 때다. 쌀을 씻으며 날마다 수돗물 소리에 울음을 숨겨 흘려보냈고, 방 걸레질하며 울음을 꿀꺽꿀꺽 삼켰었다. 그렇게 깊은 슬픔에 빠져 있다 보니, 얼굴에 기미가 까맣게 올라오는 줄도 몰랐다. 어느 날, 거울 앞에서 기미로 덮인 내 얼굴을 보고 소스라치게 놀랐다.

그런데 그 큰 슬픔을 어떻게 극복해냈을까? 생각을 바꾸었다. 면역력이 약했던 사촌 동생은 손등이 옻나무에 스치기라도 하면 어김없이 옻을 타, 팔 전체에 번져 진물이 나거나 가려움으로 극심한 고통을 이젠 겪지 않아도 되었다. 입술이 하얘 병원에 가서 서너 시간씩 수혈을 받지 않아도 되었다. 더욱이, 예수님을 믿고 세상을 떠났으니 감사했다. 이렇게 생각을 바꾸어 사촌 동생의 삶을 깊이 이해하면서 슬픔을 극복해낼 수 있었다. 만약 그때 생각을 바꾸지 않았다면, 아마 난 심한 우울증으로 일어서지 못했을 것이다.

'인생은 곱셈'이라는 말이 있다. 어떤 상황에서도 긍정적인 생각으로 살면, 그 결과는 곱셈의 결과로 나타난다는 말이다. 아무리 우울한 상황에 놓였을지라도, 아무리 큰 슬픔을 당했을지라도, 긍정적인 생각이 결국은 모든 상황을 극복해내게 한다. 탈무드에서는 이 세상에서 가장 행복한 사람은 "지금 있는 그대로, 이 모습 그대로 감사하면서 사는 사람이다."라고 했다. 철학자 아리스토텔레스도 "행복은 감사하는 사람의 것이다."라고 했다. 긍정적인 생각이 감사하게 만들고, 감사하며 사는 사람이 행복한 사람인 것이다. 어떤 상황에서든 감사가 사라지면 불평이 싹트고 인간관계가 틀어지기 마련이다.

단 한 번뿐인 삶! 긍정적인 마음으로 살자. 인생의 갈림길에서 그 길이 최고의 선택이라 생각하고 걸어왔지만, 지나고 보니 후회스러운 일들도 있기 마련이다. 그러나 여기 김중식 시인의 말 "후회 없는 삶은 없고, 덜 후회스러운 삶이 있을 뿐이다."로 위로 삼고, 오늘을 더 뜨겁게 살자. 하는 일마다 성공하고 해낸 일마다 만족하는 삶은 없으니, 오늘을 감사하면서 살자. 이현수 작가는 그의 저서 『당신은 언제나 괜찮다』에서 "감사는 세상을 바라보는 필터를 교체해 '삶이 불충분하다'는 시각을 바꿔준다. 갖지 못한 것들 사이에서 빌빌대며 허덕이는 게 아니라, 갖고 있는 것을 만끽하게 되어 '내 세상' 곳곳이 충만함으로 채워져 있다는 게 새삼 눈에 띄고, 설사 잠시 비어 보여도 다른 의미가 있겠거니 하고 평온하게 기다릴 수 있는 성숙하고 담대한 시야를 갖게 해준다."고 했으니, 감사가 삶의 지혜다.

이번 네 번째 책은 '단 한 번뿐인 삶'에 대해 썼다. 삶은 한 번뿐이기에 그 무게만큼 쉽게 써지지 않았다. 깊은 사고와 성찰이 필요했다. 이 혼돈의 시대를 살아가는 삶의 지혜가 무엇인지 고민하면서 썼다. 어떻게 살아야 감사하며 행복하게 살 수 있는지 고민하는 이들과, 바쁜 중에도 시간을 내어 이웃을 위해 봉사하는 이들에게 이 책을 바치고 싶다. 이 책에 등장하는 모든 인물에게 감사드린다.

2025년 11월
김선옥

차례

005 **프롤로그** 행복은 감사하는 사람의 것

1장 교양·건강

012 01 정원은 꽃으로, 집은 책으로 가득 채워라
018 02 생사(生死)를 가르는 부정적인 생각과 말 습관
024 03 좋은 친구는 보물처럼 다루어라
031 04 시간은 금이요 생명이요 인생이다
037 05 건강이 최고의 자산
044 06 우리 가정 주치의는 '나'

2장 배움·열정

054 01 길이 없으면 찾고, 찾아도 없으면 만든다
060 02 당신에게 꽃을 주기를 기다리지 마라
066 03 지금 당장 시작하는 것이다
073 04 배움은 젊음의 샘
080 05 삶은 도전의 시간
088 06 성공의 여부는 끈기에 달려 있다
095 07 인생이란 피아노 연주

3장 이별·사랑

104 01 '삶'을 가르치는 학교
110 02 끝없는 이별 수업
116 03 못다 한 사랑 어머니께
123 04 사랑의 깊이를 알게 되다
129 05 삶은 사랑하는 법을 배우는 시간
135 06 아름다운 소풍 끝내는 날

4장 행복·감사

144 01 몸과 마음이 날마다 봄이다
153 02 버킷리스트의 꿈을 이루다
159 03 인생 2막의 기쁨과 보람
167 04 오직 행복하라는 숙제뿐
173 05 삶의 비결은 오직 '감사'
179 06 다른 사람의 마음을 얻는 일
186 07 멋진 삶은 오늘 내 안에 있다

5장 삶! 깨달음

194 01 어른들의 칭찬이 아이의 재능을 살린다
202 02 내가 원하는 인생으로 만드는 방법
208 03 한 발 물러서서 삶을 바라보라
216 04 삶은 견디는 것이다
223 05 인생은 속도가 아니라 방향이다
230 06 그 누구도 우연히 오지 않는다

238 에필로그 한 번뿐인 삶이 내게 말했다
240 출간후기 한 권의 책은 한 사람의 인생을
              담은 우주다

ved # 1장
교양·건강

★ 01 ★
정원은 꽃으로, 집은 책으로 가득 채워라

> 책은 청년에게는 음식이 되고 노인에게는 오락이 된다.
> 부자일 때는 지식이 되고 고통스러울 때는 위안이 된다.
> — 키케로 (Marcus Tullius Cicero)

어렸을 때, 우리 집이 꽃집으로 불렸다. 말 그대로 꽃이 많아서 붙여진 이름이다. 접시꽃, 채송화, 백합, 봉선화, 서광, 옥잠화 등 봄부터 가을까지 꽃밭에는 꽃들이 늘 가득했다. 낡은 앨범 속, 접시꽃이 가득한 꽃밭 앞에서 찍은 사진은 내 키보다 더 큰 접시꽃들이 사진 배경이 되어 우리 집이 꽃집이었음을 입증하고 있다. 접시꽃은 이렇게 우리 집을 빨갛게 물들여 놓았던 꽃이다. 내년에는 꽃밭에 접시꽃 씨를 뿌려, 옛 꽃밭을 되살리고 싶다. '접시꽃' 하면 도종환 시인의 '접시꽃 당신'이 생각나는데, 암으로 세상을 떠난 아내를 그리워하며 쓴 시다. 도종환 시인의 첫 시집『고두미 마을에서』가 민족과 민중문학이라면, 두 번째 시집『접시꽃 당신』은 정서를 그린 서정문학이다.

채송화는 화단 맨 앞, 마당과 꽃밭 경계선 따라 파종하니, 경계선 따라 싹이 트고 꽃이 피어났다. 햇볕을 매우 좋아하는 꽃으로, 한낮 햇볕 아래서 꽃잎을 활짝 열어 환하게 웃다가, 오후 서너 시가 되면 시들해진다. 맑고 순수한 꽃의 색깔과 어울리는 '순진, 천진난만'이 꽃말이다. 백합은 안마당에 한 그루만 있어도 그 향기가 진하여, 우리 집 마당을 가득 채우고도 한길까지 퍼져, 지나는 사람들의 마음도 설레게 만든다.

봉선화(봉숭아)는 우리들의 손톱을 예쁘게 물들여 준 고마운 꽃이다. 봉선화 꽃잎을 따 잎사귀를 조금 넣고 백반과 함께 돌 위에 놓고 찧는다. 찧은 것을 손톱 크기만큼 떼어 손톱 위에 올려놓고, 알맞은 크기로 미리 잘라놓은 비닐로 싸맨 후 실로 총총 감아놓는다. 이렇게 하룻밤 지낸 후 아침에 눈 뜨자마자 조심조심 풀어보면, 매니큐어로는 흉내 낼 수 없는 꽃물이 예쁘게 들어 공주도 부럽지 않다. '봉선화' 하면, 1940년에 홍난파 선생이 작곡하여 불린 노래가 생각난다. 이 노래를 듣거나 부를 때면, 일제 강점기에 우울하게 살았던 우리 민족의 얼굴들이 떠오른다. "울 밑에 선 봉선화야 네 모습이 처량하다." 우리는 지금, 자유민주주의 나라에서 살고 있으니, 나라를 위해 목숨을 바친 순국선열들에게 진심으로 감사드린다.

서광은 꽃이 예뻐서 심기도 하지만, 뱀이 집 안으로 들어오지 못하도록 심기도 한다. 꽃밭은 물론 울타리에 빙 둘러 심어 놓으면, 뱀이 서광 꽃 냄새를 맡고 발길을 돌린다는 것이다. 뱀은 혀를 사용해 냄새를 맡는데, 뱀의 혀끝이 두 갈래로 갈라진 이유는 입 안 깊숙이 있는 야콥슨 기관 두 개의 구멍에 혀끝을 넣어 냄새를 감지한다고 한다.

옥잠화는 다년생 꽃으로, 바깥마당 꽃밭 끝을 해마다 장식해온 꽃이다. 달빛이 비치면 하얀 꽃잎이 더욱 하얘져 꽃이 예쁜 만큼, 꽃 이름의 유래도 재미있다. 옛날에 피리를 잘 부는 남자가 있었는데, 아름다운 피리 소리를 듣고 선녀가 내려와 피리 연주를 밤새 청했다고 한다. 새벽녘이 되어서야 헤어지게 되었는데, 이별을 아쉬워하던 남자가 선녀에게 정표를 달라고 하여 비녀를 빼주었는데, 받는 순간 땅에 떨어져 비녀가 깨어졌다고 한다. 비녀가 떨어진 그 자리에 선녀의 옥비녀를 닮은 꽃이 예쁘게 피어났는데, 그 꽃이 구슬 옥(玉), 비녀 잠(簪)을 쓰는 '옥잠화(玉簪花)'라고 한다.

클로드 모네(Claude Monet)는 "내가 화가가 될 수 있었던 것은 아마도 꽃 덕분일 것이다. 나는 언제나 꽃과 함께하길 바란다."라고 했다. 필자 또한 작가가 될 수 있었던 것은 우리 어머니가 해마다 정원 가득 심어놓은 꽃 덕분이리라. 계절마다 피어나는 꽃들과 대화를 나누곤 했다.

이렇게 정원은 해마다 꽃으로 가득했으나, 아쉽게도 책은 많지 않았다. 집에 책도 가득했다면, 우리 5남매 인생이 어떻게 바뀌었을까?

이사 가고자 할 때, '집을 어떻게 꾸밀까? 도배만 할까? 리모델링 좀 할까?' 고민해 본 적 있을 것이다. 그러나 최고의 리모델링은 깨끗하게 도배한 후, 집을 책으로 가득 채우는 것이다. 거실, 안방, 아이들 방, 화장실 등 집 안 곳곳에 책으로 장식하는 것이다. 존 릴리(John Lyly)는 "돈으로만 치장한 집보다도 책이 가득한 서재를 소유하라."라고 했고, 앤드류 랭(Andrew Lang)은 "집은 책으로, 정원은 꽃으로 가득 채워라."고 했다.

올해 열 살 된 조카가 있다. 성명은 김은호. 은호가 여섯 살 때까지는 부모가 책을 읽어준다든지 형이 책을 읽어주곤 했다. 그런데 일곱 살이 되니, 자정이 넘도록 눈 비비며 혼자 책을 읽는 것이다. 유치원에 가려면 일찍 자고 일찍 일어나야 하는데, 밤늦도록 책을 읽으니 부모는 "자라, 일찍 자라" 했다. 밥상을 차려 놓아도 "한 장만 한 장만 더" 하면서 책을 읽으니, 얼마나 기특하고 대견스러운가! 글자를 알게 되어 스스로 책을 읽어 내려가면서 내용을 알게 되니, 얼마나 재미있었을까! 책 속에서 또 다른 세상을 발견했으니, 얼마나 신기했을까!

은호가 어떻게 독서광(讀書狂)이 되었냐면, 백일 즈음 되었을 때부터 부모가 책을 읽어주기 시작했다. 엄마 아빠 무릎 위에 앉아 읽어주는 책 이야기를 들으며 자랐고, 7개월쯤 되어 기어다닐 때는 책을 펼쳐 들고 놀았다. 글자를 몰라도 그림을 보면서 놀았고,

책을 형에게 가져가 읽어달라고 했다. 잠자리에 들기 전에는 몇 권을 읽어줘야 잠이 들곤 했다. 그래서 침대 머리에는 늘 책이 겹겹이 쌓여 있었다. 부모는 외출할 때도 책을 늘 들고 다녔다. 책을 차에 싣고 다니니, 이동도서관이나 다름없었다. 이렇게 시시때때로 책을 읽어준 덕분에, 독서광이 된 것이다. 그래서인지 말도 빨리하기 시작했고, 자신이 궁금해하는 것은 넘기지 않고 질문했다. 한번은 두 돌도 되지 않은 아이가 거실 창밖의 휘영청 밝은 달을 보며 내게 물었다.

"고모! 왜 달님은 안 자?"
"달님은 네가 자는 모습을 보아야 잔단다."

조카는 그제야 잠을 청했고, 금방 잠이 들었다. 일곱 살 때는

"고모! 책이 너무 재미있어서 교회에 가져갈래요."

마법 천자문 한 권을 들고 내 차에 타면서 말했다. 흔들리는 차 안에서도 책을 읽고 있었다. 한 마디로 수불석권(手不釋卷) 이었다. 고문진보(古文眞寶)에 "가난한 사람은 책으로 인해 부자가 되고, 부자는 책으로 인해 존귀하게 된다."라는 말이 있는데, 은호는 분명 부자가 될 것이며 존귀하게 될 것이다. 은호만 독서광이 된 게 아니다. 형 현호, 동생 민호. 이렇게 3형제가 모두 독서광이다.

그러고 보니, 우리 딸과 아들도 어렸을 때 책 읽어주는 것을 좋아했다. 내가 직장에 다니느라 너무 피곤해 책을 읽어주다가 눈이 스르르 감기면서 헛소리를 한 적 있었는데, 딸아이가 나를 흔들어 깨우면서 "엄마! 지금 뭐라고 한 거야?" 했다. 난, 깜짝 놀라 천근 되는 눈꺼풀을 간신히 올려 책을 읽어 내려갔다. 딸아이의 목소리가 지금도 귓가에 머물러 있다. 세월을 되돌린다면, 집 안 정리는 좀 덜 하고, 날마다 대여섯 권씩 책을 읽어주리라. 데카르트(René Descartes)가 이렇게 말했다.

"좋은 책을 읽는다는 것은, 과거 몇 세기 동안에 걸친
가장 훌륭한 사람들과 대화하는 것과 같다."

좋은 책은 인생 최고의 스승으로, 책을 읽고 있노라면 위안이 되고 상처 입은 마음도 치유되는 것을 느낄 수 있다. 부모는 집을 책으로 가득 채워, 자녀가 아기였을 때는 책을 읽어주고, 글자를 알게 되면서부터는 스스로 읽도록 해야 한다.

> **적용** 어린 자녀가 책을 늘 가까이할 수 있도록 하는 방법에 '책 읽어주기, 책을 가지고 다니기' 외에 또 무엇이 있을지 적어보자.

✽ 02 ✽
생사(生死)를 가르는 부정적인 생각과 말 습관

언어란 사고의 토대이고, 사고는 감정의 영역이다
- 데이비드 J.리버만(David J. Lieberman)

　어렸을 때 계란을 먹고 싶어, "계란 먹고 체했으면 좋겠다."고 부모님 앞에서 말한 적이 있다. 이 말을 듣고 아버지가 "체했으면 좋겠다니, 그런 말 하면 못써." 하고 혼냈다. 옆에 있던 어머니는 얼마나 먹고 싶었으면 그런 말을 했겠냐며 아버지에게 핀잔을 주었다. 난 계란 먹고 체하면 먹기 싫어질 것이라는 단순한 생각에 한 말이었는데, 그렇게 부모님이 다투실 줄은 몰랐다. 내 생각만 하고 말한 것을 금방 후회했다. 아버지는 말이 씨가 되니 함부로 말하면 안 된다는 뜻이었고, 어머니는 얼마나 먹고 싶었으면 그렇게 말했을까 하고 안타까워서 하신 말씀이었다. 그 당시는 혼낸 아버지가 싫었고, 내 편을 드는 어머니가 고마웠는데, 지금 생각해 보니 두 분 다 자식을 사랑하는 마음에서 하신 말씀이었다. 그다음부터는 듣는 사람을 의식하며 한 번 더 생각하고 말하게 되었다.
　그 후 어느 장날, 어머니는 병아리 이십여 마리를 사 오셔서 밭채

(지게에 얹어 흐트러지기 쉬운 농산물이나 두엄 따위를 담아 나르는 데 사용하는 농기구)로 병아리 집을 만들어 키우셨다. 노란 병아리들이 삐약 거리며 안마당에서 놀던 모습이 지금도 눈에 생생하다. 아리스토텔레스가 말했다.

> "말이란 세 가지로 이뤄진다. 말하는 자와 말에 담기는 내용, 그리고 말이 향하는 대상이다. 말의 목적은 마지막 것과 관련돼 있다. 듣는 사람 말이다."

돌이켜보면 내가 부모님 마음을 제대로 헤아리지 못한 것이다. 언니나 동생에게 말했더라면 "계란이 그렇게 먹고 싶어?" 하고 그냥 지나쳤을 것이다. 그러고 보니, 큰아버지 딸 즉 사촌 여동생이 어렸을 때 음식을 먹고 체해 밤에 죽은 일이 있었다. 아버지가 나를 혼낸 것은 필시 그 일 때문에 그러셨을 것이다.

지금은 내 주변에서 부정적으로 말하는 사람이 있으면, 반드시 본인 입으로 '방금 말한 거 취소' 이렇게 취소하라고 시키고, 다시 긍정적으로 바꾸어 말하게 한다. 부정적인 말의 실례는 많다. "요즘 사는 게 지긋지긋해", "난 자신감이 없어", "나 아플 것 같아", "이러다 죽는 거 아닌지 몰라" 등이다. 취소하라는 말이 농담으로 들리는지 웃고 넘어가려 하면, 끝까지 붙잡고 늘어져 부정적인 말을 정정하게 만든다. 처음에는 너무 예민한 것 아니냐, 꼭 그렇게까지 해야 하냐는 등 싫은 소리도 들었지만, 지금은 자신의 부정적인 언어 습관을 고쳐줘서 고맙다고 말하니 감사할 뿐이다. 내가 한 말을 취소하기란 쑥스럽기는 해도 그렇게 어렵지는 않지만, 상대방이 한 말을 취소시키기란 여간 어려운 일이 아니다. 그래도 포기할 수 없었던 것은, 오늘 내 입에서 나오는 말이 나를 살릴 수도, 죽일 수도 있는 힘이 있다는 것을 알기 때문이다. 정말 자신이 하는 말은 모두 자기 자신에게 하는 예언과도 같은 것이다. 즉 '말은 씨'와 같아서 내뱉으면 생명력을 얻게 되고, 싹이 난 후 열매를 맺게 되는 것이다.

이렇게 내게 매 순간 긍정 마인드로 말하고 행동하는 습관이 생겨난 것은 조엘 오스틴 목사의 『긍정의 힘』, 『잘되는 나』, 『나를 응원하다』를 읽은 후부터다. 당시 근무하던 학교에서 『긍정의 힘』을 교내 필독도서로 정하여 전교생들에게 읽도록 권했는데, 가장 기억에 남는 내용을 소개한다.

> "단순히 부정적인 말을 하지 않는 것으로는 부족하다.
> 그것은 수비만 잘하고 공격은 하지 않는 것과 같다.
> 축구 경기에서 계속 수비만 하면 어떻게 점수를 내고 승리하겠는가?
> 공을 빼앗았으면 몰고 나가서 골대에 공을 넣어야 이긴다.
> 말할 때도 마찬가지다. 부정적인 말을 삼가는 데서 그치지 말고
> 긍정적인 말을 해야 한다."

이러한 말의 작용 원리는 흔히 '플라시보 효과(placebo effect)', 즉 위약(僞藥) 효과로도 입증되는데, 실제 약효가 없는 가짜 약을 환

자가 진짜 약으로 믿고 복용했을 때 실제 치료 효과를 경험하는 현상을 가리킨다. 정말 말한 대로 이루어지고, 생각한 대로 이루어지는 것이다. 그런데 우리 삶 속에는 플라시보 효과만 존재하는 게 아니다. 완전히 정반대인 '노시보 효과(nocebo effect)'도 존재한다. 노시보 효과란 진짜 치료 효과가 있음에도 불구하고 환자의 부정적인 생각과 말로 인해, 실제 약효를 보지 못하는 부정적인 결과를 말한다. 플라시보 효과가 긍정적으로 말한 대로 이루어지는 것을 가리킨다면, 노시보 효과는 부정적으로 말한 대로 이루어지는 것을 가리킨다. 이러한 노시보 효과를 잘 보여주는 사례가 있다.

1950년대 스코틀랜드의 한 항구에서 와인 상자를 하역한 후, 포르투갈의 리스본으로 되돌아가는 포도주 운반선의 냉동창고에서 한 선원이 얼어 죽는 일이 발생했다. 그가 사망 직전까지 냉동창고 벽에 남긴 기록을 통해서 그가 죽음에 이른 경위를 알 수 있었는데, 이를 본 모든 이들이 경악을 금치 못했다. 그 선원이 냉동창고 안에서 일하고 있다는 사실을 알지 못한 동료 선원이 밖에서 문을 잠갔고, 구조를 기다리며 계속해서 문을 두드렸지만 아무 반응이 없자 깊은 절망 속에 그만 얼어 죽고 말았다는 것이다. 그는 고통스러운 죽음의 과정을 생생하게 냉동창고 벽에 기록했는데, "몸이 점점 얼어붙는다.", "정신이 혼미해진다."와 같은 글을 끝으로 사망했다. 그런데 모두가 충격을 받은 것은 그 선원이 얼어 죽었다는 냉동창고의 실내 온도가 영상 19℃에 달했다는 사실이다. 리스본으로 되돌아가는 배는 포도주를 적재하지 않았기 때문에 출발 전에 냉동창고의 전원을 꺼놓았으며, 심지어 냉동창고의 공간이 넓어서 공기도 충분했다는 것이다. 하지만 죽은 선원의 모습은 그 누가 보더라도 극심한 추위에 얼어 죽은 모습이었다.

 의학계는 보통 인간의 생존능력에 대해 〈3·3·3 이론〉으로 설명한다. 일반적으로 사람이 공기와 3분 동안 접촉하지 못하면 생명을 잃게 되고, 물은 3일을 마시지 않으면, 음식은 3개월 동안 먹지 않으면 죽음에 이르게 된다고 한다. 하지만 어떤 경우에도 자신의 의지로 죽을 때까지 숨 쉬지 않거나 먹고 마시기를 거부하는 일은 일어나지 않는다. 시도는 해볼 수 있지만 거기까지다. 그런데 사람이 죽음에 이르게 되는 것이, 꼭 공기나 물과 음식의 요인에만 있는 것이 아니라는 것을 알 수 있다.

 언젠가 경제적인 어려움으로 몹시 힘들었던 때가 있었다. 사람이 몸이 아프면 병원에 가서 치료를 받거나 약을 먹으면 되는데, 마음이 아프니 견디기 힘들었다. 아침에 눈 뜨면, '어떻게 해결해야 하나?' 가슴이 짓눌리고, 저녁이면 오늘도 해결하지 못했으니, '내일은 또 어떻게 되려나?' 잠이 오지 않았다. 무릎 꿇고 기도하면서 하루하루를 버텨냈다. 시간은 빨리도 가고 문제는 해결되지 않으니, 어느 날 가슴이 답답해 숨을 편하게 쉴 수가 없었다. 가슴 언저리에 뭔가 꽉 막혀 있는 듯한 느낌이었다. 순간 두려움이 밀려왔다. '이렇게 지내다가는 정말로 병이 나겠어'. 가족 얼굴들이 떠올랐다. 여기저기서 "힘내!"라는 목소리가 들려왔다. 성경 구절이 떠올랐다. "내가 산을 향하여 눈을 들리라. 나의 도움이 어디서 올꼬. 나의 도움이 천지를 지으신 여호와에게서로다."(시편 12:1~2), "두려워 말라 내가 너와 함께함이니라. 놀라지 말라 나는 네 하나님이 됨이니라. 내가 너를 굳세게 하리라. 참으로 너를 도와주리라. 참으로 나의 의로운 오른손으로 너를 붙들리라."(이사야 41:10). 계속해서 떠오르는 성경 구절을 읊조리면서, 나도 모르게 "감사합니다"라는 말이 입 밖으로 튀어나왔다. 어려움이 해결되지 않을 것 같은 부정적인 생각이 완전히 사라지면서 긍정의 마음으로 바뀌었다. 기도보다 성경 말씀의 힘이 더 강했다. 하나님의 뜻이 무엇인지 헤아리면서 기도해야 하는데, 나 중심으로 기도했다는 것을 깨달았다. 그동안, 나를 도우려고 하나님이 일하고 계심을 잊고 있었다. 그리고 놀라운 경험을 하게 됐다. 그렇게도 숨을 쉴 수 없어 가슴이 답답했던 것이, 갑자기 뻥 뚫리는 것이었다. 그때 알았다. 내가 품고 있는 생각이 나를 살리기도 하고 죽이기도 한다는 사실을.

오늘 내가 어떤 생각을 품고 말하며 행동하느냐에 따라, 생사(生死)를 가를 수 있다는 사실을 명심하자. 부정적으로 생각하고 말하면서 성공하는 인생으로 이끌 수 없으며, 긍정적으로 생각하고 말하면서 실패하는 인생이 될 수 없다. 생각과 말은 우리 삶의 '방향 키'다.

> **적용** 그동안 습관적으로 해왔던 부정적인 생각과 말을 긍정으로 바꾸어 보자. 그리고 힘들 때, 암송하기 위한 명언이나 성경 구절을 찾아 적고 외워보자.

★ 03 ★
좋은 친구는 보물처럼 다루어라

현명한 친구는 보물처럼 다루어라.
인생에서 만나는 많은 사람들의 호의보다,
한 사람의 친구로부터 받는 이해심이 더욱 유익하다.
−그라시안(Baltasar Gracian)

　이 세상을 살아가는 데 힘이 되는 것은 무엇이 있을까? 돈, 명예, 사랑……. 저마다 대답이 다르겠지만, 많은 사람이 언급할 것으로 예상하는 하나를 꼽는다면 좋은 친구를 만나는 일이다. 나를 알아주고 믿어주며 나를 위해 울어주는 사람, 이런 사람이 곁에 있다면 이보다 더 살맛 나는 일은 없을 것이다. 생텍쥐페리의 『어린 왕자』에 이런 표현이 있다. "네가 나와 사이좋게 지내준다면 나는 기분 좋게 햇볕을 쬐는 듯한 기분으로 살 수 있을 거야."

　초등학생 시절, 단짝 친구가 "이건 비밀이야!" 하며 내게 귓속말로 건넸다. 중학생 시절에도, 고등학생 시절에도 이런 친구들이 꼭 있다. 이때 그 비밀을 다른 친구에게 얘기할 수 있을까? 나 자신을 시험하면서 비밀들을 지켜왔다. 그 비밀을 누군가에게 얘기하는 순간, 그 친구와는 친구이기를 포기하는 것으로 생각했기 때문이다.

몇 달 전에도 한 지인이 내게 다가와 처음 입 밖에 내놓는다며 어려움을 토로했다. 며칠 전에는 또 다른 지인이 자신의 아픔을 얘기했다. 나를 믿고 가슴에 묻어두었던 아픔을 얘기한 것이다. 이 또한, 비밀이므로 끝까지 지켜야 한다. 비밀은 무덤까지 가지고 가라는 말도 있지 않은가. 그 비밀을 누군가에게 얘기하는 날에는 내 영혼을 더럽히는 날이며, 그 지인과의 관계가 끊어지는 날이다. 그의 아픔은 곧 나의 아픔이며, 그의 어려움은 나의 어려움인 것이다. "고난과 불행이 찾아올 때 비로소 친구가 친구임을 안다."라고 당나라 시인 이태백이 말했듯이, 친구가 힘들어할 때 함께 힘들어하고 함께 가슴 아파하는 것이 진정한 친구다. 그 지인이 나를 만나 마음속 아픔을 토로하여 그 아픔이 줄어든다면, 그래서 마음의 구름이 조금이라도 걷히고 햇볕을 쬐는 듯한 기분을 느꼈다면, 그것으로 만족하는 것이다.

여기 친구를 이해하고 배려하며 자신을 희생하기까지 한 인물이 있다. 바로 프란츠이다. '우정' 하면, 그림 '기도하는 손'이 제일 먼저 떠오를 것이다. 이 그림을 그리게 된 배경이 매우 감동적이기 때문이다. 독일 화가인 알브레히트 뒤러(Albrecht Dürer)가 세상에 남긴 수많은 작품 중에서도 사람들로부터 가장 큰 사랑을 받는 작품이다. 언뜻 보기에는 "그저 소묘에 불과하네"라고 말하는 이가 있을지 모르겠지만, 이 그림을 그리게 된 배경을 생각한다면 관점이 달라질 것이다. 인디언 속담에 "친구란 내 슬픔을 등에 지고 가는 자"라는 말이 있는데, 뒤러는 진정한 친구 프란츠가 곁에 있어, 백만장자가 부럽지 않았을 것이다. 자신의 인생을 품어주는 사람을 만났으니까.

뒤러는 젊은 시절 화가가 되고 싶은 간절한 꿈이 있었다. 하지만 가난이라는 높은 장벽이 앞을 가로막았다. 이때, 같은 화가의 꿈을 간직하고 있었던, 절친했던 친구 프란츠가 다가와 말을 건넸다. "내가 일하여 너의 학비를 댈 테니 먼저 공부하고, 성공한 후에는 나도 화가의 꿈을 이룰 수 있도록 네가 학비를 대주는 것이 어떻겠어?" 이렇게 둘은 집안이 너무나 가난한 화가 지망생들이었다. 그 후 뒤러가 먼저 그림 공부를 시작했고, 프란츠는 육체노동으로 친구의 학비를 댔다. 그렇게 뒤러는 프란츠 덕분에 그림 공부에 몰두할 수 있었고, 드디어 세상 사람들이 인정하는 유명한 화가가 되었다. 이제는 프란츠가 공부할 차례가 되어 약속한 대로 뒤러가 찾아갔을 때, 프란츠는 두 손을 모은 채 기도하고 있었다.

"하나님! 저는 심한 노동으로 손이 굳어져 이제는 그림을 그릴 수 없게 되었습니다. 하지만 제 친구 뒤러만은 꼭 성공하게 해주십시오."

뒤러가 이 기도를 듣는 순간, 자신을 향한 친구의 진심 어린 마음이 온몸으로 전해져 하염없이 눈물을 흘렸다. 그리고 그 자리에서 연필을 꺼내 친구의 기도하는 손을 그리기 시작했다. 이 그림이 바로 뒤러의 대표작 '기도하는 손'이다. 자신을 향한 친구의 희생과 사랑이 담긴 손은 오랜 시간 고된 육체노동으로 너무나 거칠게 굳어져 있었다. 보통 사람이라면 친구인 뒤러를 원망할 수도 있을 텐데, 프란츠는 원망은커녕 오히려 친구를 위해 무릎을 꿇고 두 손 모아 기도하고 있었던 것이다.

〈뒤러의 '기도하는 손'〉

"친구란 또 하나의 자기 자신이다."라고 키케로가 말한 것처럼, 프란츠는 뒤러의 성공을 자신의 성공으로 믿고 간절히 기도했던 것이다. 친구가 있다는 것은, 또 하나의 인생을 사는 것이다. 친구를 위해 두 손 모아 기도했던 프란츠, 그 모습을 놓치지 않고 그린 뒤러의 명작 '기도하는 손'은 깊은 우정을 상징하는 그림으로, 우리들의 머릿속에 영원히 기억될 것이다.

좋은 친구가 곁에 있는가. 프란츠처럼 친구를 위해 자신을 희생하기까지는 아니더라도, 가슴 깊은 곳에 켜켜이 서려두었던 아픈 속마음을 꺼내며 실컷 울어도 모두 받아주는, 편안한 친구가 있는가. 전화 목소리만 듣고도 기분을 금세 알아차리고, 위로해 주거나 기뻐해 주는 친구가 있는가. 물질적으로 궁핍해졌을 때, 그 어려움을 시시콜콜히 얘기하지 않아도 도와주는 친구가 있는가. 이런 좋은 친구가 곁에 있다면 복받은 사람이다. 다음은 함석헌 시인의 시 〈그대 그런 사람을 가졌는가〉 전체 6연 중 1, 2연이다.

"만 리 길 나서는 길
처자를 내맡기며
맘 놓고 갈 만한 사람
그 사람을 그대는 가졌는가

온 세상이 다 나를 버려
마음이 외로울 때에도
'저 맘이야' 하고 믿어지는
그 사람을 그대는 가졌는가"

무엇이라도 함께하고 싶은 친구, 그 사람과 함께하면 마음이 편안해지고 행복해지며 살맛이 나는 그런 친구가 있다. 그렇다면 그 사람이 단순히 좋아서만이 아닐 것이다. 그가 나의 자존감을 높여주고, 가장 나답게 만들어주기 때문일 것이다. 반대로 누군가와

거리를 두고 싶은가. 그 누군가와 함께 있으면 불편해서 그 자리를 빨리 뜨고 싶은가. 그렇다면 그 사람과 함께하는 시간은 단순히 그 사람이 싫어서일 수도 있겠지만, 그가 나의 자존감을 낮추기 때문일 것이다.

우리는 잃어봐야 그 대상의 소중함을 알게 된다. 우리가 살면서 소 잃고 외양간 고치는 일이 얼마나 많은가. 하지만 지혜로운 사람은 그 소중한 대상을 상상으로 잃어보는 간접 경험을 통해 존재의 가치를 알고, 잃기 전에 소중하게 다룬다.

좋은 친구와 오랫동안 좋은 관계를 유지하려면 어떻게 해야 할까? 좋은 친구일수록, 가깝게 지내는 친구일수록 더욱 예의를 갖추고 대해야 할 것이다. 키케로는 "진실한 우정이란 느리게 자라나는 나무와 같아, 우정이라는 이름을 얻으려면 몇 번의 고통을 이겨내야 한다."고 했다. 진실한 우정은 고통 없이, 눈물 없이 만들어지지 않는다. 그리고, 이렇게 만들어진 우정은 쉽게 흔들리지 않는다. 인생에서 그 무엇보다 중요한 일은 좋은 친구를 만나는 것으로, 삶의 기쁨과 행복은 두 배로 늘려 주고, 어려움과 슬픔은 반으로 줄여주는 존재를 만나는 일이다.

다음은 이해인 수녀의 시 〈친구에게〉 1연으로, 친구에 대한 간절한 그리움이 잘 묘사되어 있다.

"부를 때마다 내 가슴에서 별이 되는 이름

존재 자체로 내게 기쁨을 주는 친구야

오늘은 산 숲의 아침 향기를 뿜어내며

뚜벅뚜벅 걸어와서

내 안에 한 그루 나무로 서는 그리운 친구야"

적용 존재 자체로 기쁨을 주어, 보물처럼 여기는 친구가 있는가?

* 04 *
시간은 금이요 생명이요 인생이다

사람은 늦을 수 있지만, 시간은 결코 늦지 않는다.
한가한 생활과 게으른 생활은 전혀 다르다. 누구든지 무덤에서
충분히 잠을 잘 수 있다는 사실을 기억해야 한다.

– 벤자민 프랭클린 (Benjamin Franklin)

"시간은 금이다."라는 말이 있다. 영어 표현으로는 'Time is Gold.'가 아니고, 'Time is Money.'이다. 이 말은 다음 이야기에서 유래되었다.

미국의 정치가이자 외교관이며 저술가인 벤저민 프랭클린이 서점에서 점원으로 일하고 있을 때, 어느 날 손님이 책값을 깎아달라고 하자, "그는 안 됩니다."라고 대답했다. 그런데 손님이 계속 책값을 깎아달라고 하자, 그는 책값을 점점 높게 불렀다. 이에 화가 난 손님이 왜 책값을 점점 높이느냐고 따져 묻자, 그는 "시간은 돈입니다(Time is money)."라고 대답했다. 즉 프랭클린의 소중한 시간을 손님이 빼앗았다는 의미로 그렇게 말한 것이다.

이렇게 시간을 금에 비유할 정도로 시간은 소중하다는 말인데, 생각해 보면 시간은 영어 표현대로 경제적 가치를 지니고 있다. 즉 은행에서 받는 이자다. 은행은 시간으로 돈을 벌고 있는데, 고객이 대출해 가면 이자를 계산하는 날짜에 고객 통장에서 에누리 없이 이자를 가져간다. 반대로, 고객이 예금하면 시간이 지난 만큼 이자를 계산하여 통장에 넣어준다. 이렇게 '시간은 곧 돈'이라는 것을 우리 실생활에서 얼마든지 경험할 수 있다. 편의점 아르바이트생들도 시간당으로 급여를 받고, 주차장에 차를 세워 두어도 세워 둔 시간만큼 주차비를 내야 한다. 이렇게 시간은 경제적 가치를 지니고 있는데, 시간은 눈에 보이지 않기 때문에 그 가치를 잊을 때가 종종 있는 것이다.

시간의 또 다른 가치를 깨닫고 싶다면 병원에 가보라. 특별히 호스피스(hospice) 병동에 가보면 확실하게 깨닫게 해준다. 몇 년 전, 지인이 호스피스 병동에 있다는 말을 듣게 되었다. 듣자마자 병문안 갔는데, 암이 재발하여 다른 장기까지 전이되었다는 것이다. 양쪽 다리는 퉁퉁 부어 있었고, 얼굴은 눈에 띄게 야위어 있었다. 하지만 걱정했던 것과는 달리 죽음에 대해서 조금도 두려움이 없었다. 오히려 나에게 이렇게 말했다.

"와주셔서 감사합니다. 저 괜찮아요. 예수님보다 많이 살았으니, 이제 가도 돼요."

"죽음을 피할 수만 있으면 피하고 싶어요."라고 말할 줄 알았다. "아직도 삶에 미련이 많아요."라고 말할 줄 알았다. 그런데 죽음 앞에서 오히려 평온한 모습이었다. 그동안 신실하게 신앙생활을 해왔으니, 죽음을 편안하게 받아들이는 모습이었다. 얼마나 다행스러운지, 그분에게 해줄 수 있는 일은 기도뿐이었다. 이 땅에서 마지막으로 손을 잡고 기도했다. 그리고, 며칠 후 영면(永眠)에 들어갔다.

시간은 생명이다. 우리 몸속의 장기를 이식할 때는 반드시 정해진 시간 내에 수술해야만 한다. 즉 심장은 4시간, 폐는 8시간, 간은 12시간, 신장은 24시간 이내에 기증자로부터 받은 장기를 수혜자에게 이식해야 한다. 그 시간이 장기 이식으로 생명을 살릴 수 있는 골든타임이다. 장기 이식 수술은 사람을 살리기 위한 최후의 수단으로, 죽을 목숨을 살리는 것이다. 장기 중에서도 심장은 살아있는 사람으로부터는 기증을 받을 수 없지만, 폐, 간, 신장은 살아있는 사람에게서 받을 수 있다. 소포클레스(Sophocles)의 말이 생각난다.

"내가 헛되이 보낸 오늘은 어제 죽어간 이가 그토록 바라던 내일이다."

지금 건강하게 살고 있다면, 어제 죽어간 이가 그토록 바라던 내일을 사는 것이다. 그동안 시간을 낭비했다면 과거는 접어두고, 지금부터 시간 관리를 잘하자. 지금까지 낭비한 시간에 대해 후회하는 그 시간은 더 큰 시간 낭비이므로, 지금부터 알차게 시간 관리를 하며 살자. 알찬 시간 관리는 곧 알찬 인생 관리다.

교직 생활을 되돌아보면, 정말로 바쁘게도 살아왔다. 새벽에 일어나 아침 식사 준비하고 세탁기 돌려 빨래해서 널고, 식사를 마치면 설거지하고 출근했다. 직장으로 가면 또 할 일이 줄지어 기다리고 있다. 무엇부터 해야 할지 포스트잇에 적어놓고, 수업이 없는 시간을 활용하여 하나씩 처리해나갔다. 일을 처리할 때마다 빗금을 그었는데, 빗금 칠 때의 그 기분, 경험해본 사람은 알 수 있으리라. 이렇게 날마다 쉴 새 없이 일하는데도, 포스트잇에 적은 내용을 다 처리하지 못하고 다음 날로 미룰 때가 있었다.

대학 수시 모집 비중이 커지면서 학생부종합전형이 강화될 무렵, 창체부장이 되었다. 창제부장은 자율활동, 동아리활동, 봉사활동, 진로활동의 전반적인 계획을 각 부서장으로부터 받아 교육과정에 반영해야 하는데, 창제부장을 맡은 첫해에는 창체부 계획을 세우는 데 꼭 한 달이 걸렸다. 계획을 다 세웠다가도 다른 부서에서 계획을 바꾸면 그 내용을 창체부 계획에 반영해야 하므로 다시 작성해야 했다. 이렇게 3월 내내 계획서를 붙잡고 있을 수밖에 없었다.
그리고 학기가 시작되어 학생들이 창체 활동을 하면, 전교생 창체활동 기록을 위해 예시문을 만들어 담임들에게 배포했고, 특별한 활동을 한 몇 학생들에 관해서는 그 관찰한 내용을 개별적으로 기록하여 담임들에게 전달하기도 했다. 이렇게 매월 기록하여 담임들에게 배포하니, 학년 말에는 담임들이 일하기 편리했다는 말을 여러 번 듣기도 했다. 이렇게 일하다 보니, 창체 부장을 맡았을 때는 밤 11시 또는 12시까지 학교에서 일한 적이 여러 번 있었는데, 그때 찍은 사진 속의 내 눈은 꼭 토끼눈같이 빨갛다.

이제 퇴직하여 이런 사무적인 활동을 하지 않으니, 이제 뒷골이 아프지 않아 좋다. '이렇게 일하다가 쓰러지면 안 되는데'라고 생각한 적이 여러 번 있었다. 교직 생활을 마칠 즈음에, 한 선생님이 내게 이렇게 말했다. "부장님은 교직 생활 동안 엄청나게 일을 많이 하셨으니, 이젠 푹 쉬세요. 그동안 수고 많으셨습니다." 시간을 쪼개어 많은 일을 감당했더니, 최선을 다한 하루하루가 내 인생이 되어 나를 그렇게 인정해주었다.

세상 모든 사람에게 주어진 하루는 똑같이 24시간이다. 이 한정된 시간을 오늘 어떻게 보내느냐에 따라 미래가 달라지고 인생이 달라진다. 오늘, 아무 생각 없이 하루를 보낸다면, 조금도 발전이 없는 내일을 맞이하게 될 것이다. 하지만, 달팽이 걸음으로라도 삶의 목표를 향해 어제와 다른 하루를 살아간다면, 그 걸음만큼 성장할 것이고 언젠가는 삶의 목표 지점에 다다르게 될 것이다. 영국의 예술 평론가 존 러스킨(John Ruskin)이 이런 말을 했다.

"인생은 흘러가는 것이 아니라 채워지는 것이다. 우리는 하루하루를 보내는 것이 아니라 내가 가진 무엇으로 채워가는 것이다."

오늘 살아있다면 무엇으로 채워갈 시간이 있다는 것이고, 무엇으로 채워갈 시간이 있는 한 희망이 있다는 것이다. 오늘 하루를 무엇으로 채울 것인가. 이웃을 보살피는 봉사활동도 좋고, 자신의 꿈을 향해 열정을 쏟아부어도 좋다. 무엇으로 채우든지 자신의 재능을 꺼내 보이길 바란다. 그러면 거대한 운명의 수레바퀴 위에서 삶의 절정에 이르는 날이 오게 될 것이다.

> **적용** "내가 헛되이 보낸 오늘은 어제 죽어간 이가 그토록 바라던 내일이다."
> 오늘 무엇을 하며 시간을 알차게 보낼 것인지 적어보자.

★ 05 ★
건강이 최고의 자산

> 건강은 제일의 재산이다.
> – 에머슨(Ralph Waldo Emerson)

　어떤 사람은 재산을 늘리는 일은 탁월한데, 자신의 건강 관리는 소홀히 하는 경향이 있다. 돈을 잃으면 조금 잃는 것이요, 명예를 잃으면 많이 잃는 것이요, 건강을 잃으면 모든 것을 잃는다는 사실을 잘 알 텐데 말이다.

　건강한 사람은 외적으로 풍기는 모습부터가 남다르다. 우선 피부가 맑고 표정이 밝으며 몸이 날씬하다. 그러나 건강하지 못한 사람은 피부가 거칠고 점이 많으며, 몸이 무거워 보인다. 혈액이 맑지 못하기 때문에 점이 많이 생길 수밖에 없고, 몸은 노폐물이 쌓여 무거워질 수밖에 없다. 그러면 어떻게 해야 건강한 피부와 날씬한 몸매로 살아갈 수 있을까?

　건강을 결정짓는 중요한 요소 중 하나가 음식이다. 먹는 것이 곧 몸을 만들기 때문이다. 하비 다이아몬드(Harvey Diamond)가 그의 저서 『나는 질병 없이 살기로 했다』에서 이렇게 말했다.

"우리는 인생을 통틀어 70여 톤의 음식을 먹고 물을 마신다. 음식은 우리의 건강을 결정하는 가장 주요한 요소이다. 우리 몸은 100조 개 이상의 세포로 구성되어 있다. 그리고 수 천억 개의 세포가 매일 사망하며 새로운 세포로 대체된다. 그렇다면 새로운 세포는 무엇을 통해서 만들어지는가? 그렇다. 당신이 매일 먹는 음식을 통해서 만들어진다. 매일 먹는 음식이 당신의 몸을 결정한다는 말은 더 이상 의심할 여지가 없는 과학적 사실이 되었다."

인간은 원래 초식 동물이었다. 이(齒)의 구조와 길고 구불구불한 장 구조가 초식 동물임을 증명하고 있다. 그런데 동물성 식품을 섭취하면서 몸에 독소가 점점 쌓이고 활성산소가 만들어지면서 현대의학에서도 고치기 어려운 암을 비롯한 고혈압, 당뇨, 고지혈증, 심근경색 등 각종 질병이 발생하게 된 것이다.

이런 질병들을 예방하기 위해서는 우선 채식 위주의 식사가 좋다. 특히 생과일과 생채소는 질병을 억제하는 항산화제로 둘러싸여 있어, 몸속에서 활성산소가 만들어지는 것을 멈추게 하고, 이미 만들어진 활성산소는 단번에 무력화시키기도 한다. 그리고 병든 세포를 잘게 분해해서 몸 밖으로 배출시키고, 몸속의 온갖 노폐물과 독소를 제거한다. 이렇게 좋은 음식을 날마다 섭취하는 것은 매우 어려운 일이므로, 일정한 기간을 정하여 주기적으로 섭취하는 것이 좋다. 의학의 아버지라 불리는 히포크라테스(Hippocrates)는 "음식이 곧 약이다.", "우리가 먹는 것이 곧 우리 자신이 된다.",

"모든 질병은 장에서 온다."고 했다. 스티브 잡스(Steve Jobs)는 "너의 음식을 약 먹듯이 먹어라. 그렇지 않으면 너희는 약을 음식 먹듯이 먹게 될 것이다."라고 했다. 음식이 건강에 미치는 영향이 얼마나 큰지 알 수 있는 명언들이다.

다음으로, 적당한 운동이 요구된다. 왜냐하면, 우리 몸의 정상 체온은 36.5℃인데, 여기에서 1℃만 떨어져도 면역력이 저하될 뿐만 아니라, 혈액 순환이 제대로 이루어지지 않아 어혈이 더욱 잘 생성되기 때문이다. 이렇게 되면 우리 몸은 세균이나 잠재해 있던 암세포가 활동하기에 매우 좋은 환경으로 바뀌게 되는데, 마치 물고기가 물을 만난 듯 활동하며 증식하게 된다. 하지만 운동으로 체온을 1℃만 높여도 면역력이 5배나 강해져서 증식하던 세균이 사멸되고, 땀을 통해 몸속에 있는 독소가 배출된다. 또한, 운동은 뇌 활동도 도울 뿐만 아니라 신체 노화를 늦추며 스트레스도 줄여주니, 운동을 밥 먹듯 매일 한다는 생각으로 해야 한다. 운동 중에서도 '걷기'는 전신운동으로, 혈액 순환과 노폐물 배출, 근력 강화 등을 통해 질병 예방은 물론 치료에도 효과적이다. 걷기가 얼마나 좋은 운동인지 히포크라테스는 "걷기는 사람에게 최고의 약이다."라고 설파하기도 했다.

그러면 식습관을 개선하고 운동도 하면 질병 없이 건강하게 살 수 있을까?

우리 몸은 총성 없는 전쟁이 날마다 일어나고 있다. 그래서 하루도 거르지 않고 매일 수 천억 개의 세포가 죽는다. 또한, 매일 받는 스트레스로 뇌 속에서 아드레날린이나 노르아드레날린이 만들어지는데, 이 호르몬들은 독소를 지니고 있어 피를 탁하게 만들고, 혈관을 수축시켜 혈압을 올리며, 면역계를 약화시킨다. 죽은 세포(어혈)와 독소는 우리 몸의 피부밑 모세혈관을 통해서 혈액을 타고 돌아다니다가 적당한 장소(더러운 환경)에 머물기도 한다. 여기에 과로까지 겹친다면 면역력은 더욱 떨어지고, 죽은 세포와 독소가 많이 몰린 곳은 부어오르며 통증을 유발한다. 부어오른 곳은 림프주머니가 부은 것으로, 독소를 내보내기 위해 치열하게 싸움이 일어난 곳이다. 즉 몸속에 독소가 많다는 것을 알리는 신호이며 경고이다. 그런데 부은 곳을 내버려 두면 어떻게 될까? 뾰루지가 생기기도 하고, 뾰루지보다 큰 종기가 생기기도 한다. 이렇게 몸속의 찌꺼기들이 몰려 곪아 터지는 것이다. 한번은 피부과에 가서 접수하고 앉아 있는데, 바로 앞에 앉아 있는 한 청년의 뒤통수 아랫부분에 생긴 뾰루지들을 보고 깜짝 놀랐다. 오 세상에! 셀 수 없을 정도로 뾰루지가 촘촘히 박혀 있는 것이 아닌가. 아무리 많은 약을 먹고 바른들 깨끗하게 낫겠는가.

림프 주머니를 깨끗하게 청소해주면 부은 곳이 가라앉고, 통증이 사라지며, 뾰루지도 제거되어 깨끗하게 낫는다. 그런데 그대로 내버려 두면, 신체의 불균형이 계속되면서 심장을 비롯한 각종 기관에 부담을 주고, 더러운 환경에서 암세포가 천천히 자리를 잡게 되는 것이다. 림프주머니를 청소해주는 좋은 방법 중에 '자연정혈요법(自然精血療法)'이 있다.

　10여 년 전, '자연정혈요법'에 관심 있는 동료 교사 6명이 류성심 선생님을 찾아갔다. 그분은 초등교사였는데 은퇴 후, 『고질병, 머리에서 발끝까지 통쾌한 치유』를 출간한 작가이기도 하다. 그분에게서 자연정혈요법에 관한 많은 얘기를 듣고, 그분의 저서와 정혈 기구를 구매하여 집으로 돌아왔다. 책을 읽으니, 자연정혈요법이 통쾌하게 병을 치료해주는 것을 알 수 있었다.
　빨리 자연정혈요법을 배우고 싶어, 이〇〇 선생님과 함께 류 선생님을 다시 찾아갔다. 선생님은 우리를 매우 반기면서 서로 정혈 해주기 실습을 시켰다. 침 찌르는 것부터 아프지 않도록 부항에 공기압을 넣는 것 등 하나하나 자세히 설명해주었다. 처음에는 침 찌르는 것이 무서워 선뜻 나서지를 못했는데, 몇 번 반복해보니 별 것 아니었다. 같이 간 선생님은 해본 사람처럼 자연스럽게 사침(사혈침으로 찌름)을 잘했다. 이렇게 실습하고 '자연정혈요법'에 입문하게 되었다. "자연정혈요법이란 약물이나 병원의 의료장비를 사용하지 않고 자연의 원리로 모든 병을 고치고 예방할 수 있는 민간요법이다."라고 곽종국, 곽두영의 공저 『의료혁명 치료혁명 자연정혈요법』에 씌어 있다. 집으로 돌아와 본격적으로 정혈하기 시작하여 오늘에 이르고 있는데, 이 선생님과 함께 만든 우리들의 명언이 있다.

"영혼의 복음은 성경에 있고, 육체의 복음은 정혈에 있다."

이 명언을 만들고 얼마나 흐뭇했는지 모른다. '정혈(자연정혈요법)'이 좋다고 아무리 설명해도 소귀에 경 읽기인 것이, 꼭 전도하는 느낌이었기 때문이다. 우리는 서로 정혈을 해주면서 건강과 신앙 관련 이야기를 나누고 있다. 교직에서 은퇴하면 만나기 쉽지 않은데, 우리는 정혈로 계속 만남을 이어가고 있으니, 얼마나 좋으냐고 서로 맞장구를 치며 좋아했다.

정혈로 어깨, 허리, 다리 등, 아픈 곳이 사라지니, 가족들에게도 한 사람씩 해주기 시작했다. 가장 기본적인 혈 자리인 신장을 먼저 하고 그다음은 간, 위, 심장으로 이어갔다. 그리고 허리가 아프면 허리, 어깨가 아프면 어깨, 무릎이 아프면 무릎에 해주었다. 이렇게 정혈을 한 후 효과에 관해 물어보면 "신기하게도 통증이 사라지네.", "내 얼굴이 검었는데, 하얘졌어.", "내가 거기 아팠었나?", "뼛속이 근질근질했는데, 그게 없어졌어." 등 다양하게 대답했다. 정혈의 효과에 대해 몸소 체험하신 어머니는 "우리 집에도 의사가 탄생했네!"라고 말씀하셨고, 언니는 내가 언니의 '주치의'라고 했다. 그리고, 막내 남동생은 '누나는 우리 가정 의사'라고 불렀다.

우리가 살다 보면 잘못된 식습관이나 운동 부족, 스트레스, 노화 등으로 아픈 곳이 이곳저곳 생기게 마련이다. 이때의 통증은 몸속에 독소와 더러운 노폐물들이 있다는 증거이므로, 이것들을 제거해주면 통증이 사라지고 건강이 회복된다. 주기적으로 하는 생채식, 적당한 운동, 자연정혈요법으로 몸 청소를 깨끗이 하면, 날씬한 몸으로 활력 있게 살아갈 수 있다.

자연정혈요법에 대해서는 아무리 강조해도 지나치지 않다. 어리석은 자들은 실패를 통해서 배우고, 현명한 자들은 듣고 배운다는 말이 있는데, 집집마다 자연정혈요법으로 치료하는 의사가 있어서, 모두 아프지 않고 건강하게 살았으면 좋겠다. 유베날리스(Juvenalis)가 말하기를 "건강한 신체에 건강한 정신이 깃든다."고 했는데, 몸이 아프면 마음도 따라 아프게 되니, 건강한 신체를 지니도록 노력해야 할 것이다.

> **적용** 행동하지 않으면 아무런 발전이 없다. 건강한 신체를 지니기 위해 오늘부터 실천하고자 하는 것을 적어보자.

✱ 06 ✱
우리 가정 주치의는 '나'

> 학식도 미덕도 건강을 잃으면 퇴색한다.
> – 몽테뉴(Chéteau de Montaigne)

어린 시절, 간호사가 되기를 꿈꾼 적이 있다. 미국으로 가 간호사로 일하며 돈 많이 벌어, 우리 집을 가난에서 벗어나게 해야겠다는 마음에서였다. 그런데 성장하면서 꿈이 교사로 바뀌었고, 그 후 중등교사가 되어 34년 동안 중·고등학생들을 가르쳤다. 이렇게 장래희망으로 간호사는 꿈꾸었을지언정 의사는 전혀 생각지 못했는데, '우리 가정 주치의'가 되었다. 우리 가족을 자연정혈요법으로 치료하는 '가정 의사' 말이다. '가정 의사'가 된 지도 벌써 10년이란 세월이 흘렀다. 그동안 '돌팔이' 의사라는 말도 들었지만, 그건 '자연정혈요법'에 대해 몰라서 하는 말이다. 2022년 2월, 교직에서 은퇴하자마자 '자연정혈요법 1급 자격증'을 취득했고, 자격증이 있는 가정 의사로서 당당하게 치료해주고 있다.

질병은 크게 세균성 질병과 순환기성 질병으로 나뉜다. 세균성 질병은 감기, 콜레라, 장티푸스, 결핵, 장염, 피부염 등이 이에 속하며, 세균을 없애기만 하면 거의 다 낫는 질병이다. 이에 반해, 순환기성 질병은 암, 위장병, 신장병, 심장병, 고혈압, 협심증, 피부병, 당뇨병, 신부전증, 백혈병, 골다공증, 수족 냉증 등이 이에 속하고, 피가 오염되고 혈전이 발생하여 피가 잘 흐르지 못하여 생긴 병이므로, 피만 잘 흐르게 하면 치료할 수 있다고 곽종국, 곽두영의 공동저서『의료혁명 치료혁명 자연정혈요법』에 씌어 있다.

자연정혈요법을 배워 동료 교사였던 이 선생님과 짝이 되어 서로 해주면서 아픈 곳이 치료되는 것을 경험했다. 편두통이 심했는데 사라졌고, 등이 아팠는데 나았으며, 운전하는 데 지장이 있을 정도로 왼쪽 엉덩이가 매우 아팠는데 다 나았다. 대여섯 달이 지나면 그 부위가 또 아프기도 하지만, 전처럼 아프지는 않다. 아픈 곳이 대부분 혈 자리로, 시간이 지나면 어혈이 또 모여들어 통증이 발생하게 된다. 사람들이 내게 말한다. "얼굴에 잡티가 거의 없고, 피부가 깨끗하네요.", "실제 나이보다 젊어 보여요." 얼굴 마사지를 하는 것도 아니고, 고급 화장품을 바르는 것도 아니어서, 난 망설임 없이 자연정혈요법의 효과라고 말한다.

이렇게 좋은 치료법이 있는데, 나 혼자만 경험할 수는 없었다. 그때부터 가족 한 명 한 명 만날 때마다 자연정혈요법에 관해 설명하면서 권하기 시작했다. 그런데 이미 언급했듯이 꼭 전도하는 느낌이었다. 알아듣고 받아들이는 사람이 있는가 하면, 무턱대고 거부하는 사람이 있었다. 그래도 포기하지 않고 설명하면서 이해하고 받아들이는 사람부터 정혈을 해주기 시작했고, 이어 건강이 좋아졌다는 말도 듣기 시작했다.

언젠가 친정에 들렀더니, 아버지께서 감기에 걸려 숨을 잘 쉬지 못하셨다. 며칠 전부터 코가 꽉 막혀 답답하다고 하셨다. 자연정혈요법이 생각나 "정혈 해드릴까요?" 했더니, "그래라." 하셨다. 마침 차에 정혈 기구가 있어, 코와 오른쪽 광대뼈 사이에 부항을 대고 압축기로 잡아당겼다. 그리고 좀 있다가 침으로 찔러 다시 부항을 걸었다. 생혈과 함께 어혈이 조금 나오더니, 그다음부터는 하면 할수록 어혈이 더 많이 나왔다. 그렇게 하기를 다섯 번 정도 하니, 코가 뻥 뚫렸다고 하셨다. 1주일 후에 또 친정에 들렀는데, 왼쪽도 해달라고 하셨다. 그래서 오른쪽 할 때처럼 똑같이 해드렸다. 그랬더니 왼쪽도 뚫려 시원하다고 하셨다. 그리고 2주일 즈음 지난 후 아버지를 뵈었는데, 이런 말씀을 하셨다. "네가 정혈해서 그런지 까맣던 얼굴이 하얘졌다." 그 말씀을 듣고 아버지 얼굴을 살펴보니, 거무튀튀했던 얼굴색이 사라지고 정말로 하얘지신 것을 확인할 수 있었다. 신기하고 놀라웠다. '이게 바로 자연정혈요법이로구나!' 생각했다.

또 한 번은 언니가 부모님께 식사 대접을 하겠다고 모시고 오라고 하여, 모시고 가서 주차장에 차를 세워 두고 언니네 집으로 걸어가고 있는데, 아버지가 절뚝거리셨다. 다리가 왜 그러시냐고 했더니,

"며칠 전부터 무단히 아프다!" 하셨다. 그래서 식사를 마치고 다시 모셔다드리면서 엉덩이에 정혈을 해드렸더니, 아버지께서 기분 좋아하시면서 이렇게 말씀하셨다. "엉덩이가 가벼워졌고 시원하다." 며칠 후 언니가 친정에 다녀왔다고 하길래, 아버지가 다리 아프다고 하셔서 정혈을 해드렸는데 어떠냐고 물었더니, 언니 왈, "아버지 논에서 일하고 계시더라. 다리 절뚝거리지도 않고 멀쩡하셔." 했다. 이 외에도 신장, 간, 위 등 여러 군데에 정혈을 해드렸다.

어머니는 무릎이 아프다고 자주 말씀하셨다. 무릎 움푹 들어간 곳에 부항기를 걸고 다섯 번 정도 해드렸더니, 정혈을 마치자마자 통증이 사라졌다고 하면서 계단을 잘 내려가셨다. 이날, 어머니가 내게 이렇게 말씀하셨다. "우리 집에도 의사가 탄생했어! 너 의사 맞다." 어머니께도 신장, 간, 위 등 여러 장기에 정혈을 해드렸는데, 침 찌를 때마다 너무 아프다고 하셨다. 요즈음은 목이 아프신지 고개를 똑바로 들지 못하셔서 정혈을 해드리려고 부항을 걸었는데, 아파 죽겠다고 아예 하지 말라고 하셨다. 이렇게 부항기만 걸어도 너무 아프면 어혈이 차고 넘친다는 증거다. 어혈이 많은 곳은 가만히 있어도 통증이 있고 욱신거리기도 한다. 어혈을 없애면 통증도 사라지고 침으로 찔러도 심하게 아프지 않은데, 지금은 도저히 해드릴 수가 없다.

부모님이야 딸을 무조건 믿고 정혈을 하셨지만, 형부는 자연정혈요법의 원리와 효과에 대해 잘 이해하고 계셨다. 정혈을 해드린다고 했더니, 그러라고 하셔서 신장부터 해드리기 시작했다. 이어 간, 위를 해드렸다. 어느 날, 언니가 "형부는 부정맥이 있어서 심박수 측정기를 몸에 달고 다닌 적이 있어."라고 했다. 그래서 "그거 정혈하면 낫는데?" 했더니, 그럼 해보라고 해서 심장 부위를 세 차례, 기간을 두어 정혈을 해드렸다. 그 후 신기하게도 부정맥 현상이 깨끗하게 사라졌다며 언니가 매우 기뻐했다. H 중학교 어느 선생님은 부정맥으로 시술을 받았는데, 재발되어 또 시술을 받았다는 얘기를 전해 들었다. 자연정혈요법의 효과에 관해 설명해 주었는데, 전달했는지 모르겠다.

언니는 중학교 때부터 배구 선수로 선발되어, 60세가 넘은 지금도 군 대표 여성 배구 선수로 출전한다. 운동을 많이 하면 어혈이 많이 생길까? 아니면 운동으로 어혈이 많이 줄어들까? 일반적으로 운동은 신체의 각 기관에 혈액을 공급하고, 심장 근육을 튼튼하게 만들며, 혈관을 탄력 있게 해준다. 그런데 숨을 헐떡거릴 정도의 강한 운동을 계속하면 오히려 독(毒)이 될 수 있다. 우리 몸은 생명을 유지하는데 적당량의 산소가 필요한 것이지, 필요 이상의 산소(활성산소)를 많이 마시면, 혈액 속의 영양소를 산화시키고 세포막을 손상시키기도 하여 어혈이 많이 만들어진다. 정혈을 해보니, 언니가 가족 중에 어혈이 제일 많았다. 신장, 간, 위 등 어느 곳을 해봐도 어혈이 많이 나왔다.

아들 결혼식을 며칠 앞두고 언니가 가슴이 답답하다며 정혈을 해달라고 했다. "한복을 입으면 보기 안 좋을 텐데, 결혼식을 마치고 하면 어때?" 했더니, "그런 거 상관없어." 했다. 평소에도 늘 시원시원하게 말하는 성격이라 그렇기도 하지만, 축하객이 몰려올 텐데 얼마나 가슴이 답답하면 그럴까 하고 즉시 정혈을 했다. 결혼식을 마치고 시간이 좀 흘렀을 때, 정혈을 해준 생각이 나서 물어보았더니, "내가 정혈을 했었나? 아무렇지도 않은데?" 했다. 가슴이 답답하지 않으니, 그동안 잊고 생활한 것이다.

또 한번은 추석 때 친정에서 만나 "언니! 정혈 해줄까?" 했더니, 매우 반기면서 가슴이 답답하니 가슴을 해달라고 했다. 그런데 놀랄 일이 벌어졌다. 심장 부위를 했는데, 어혈이 부항기 반 정도 채우기를 7번이나 했다. 심장 일부가 떨어져 나오는 줄 알았다. 정혈을 다 마치고 언니가 이렇게 말했다. "와! 시원하다. 가슴이 탁 트였어."

다음은 막내 남동생 이야기다. 남동생은 허리 아프다는 말을 자주 했다. 그래서 정혈을 해준다고 하면 매우 꺼렸다. 몸속에 있는 피를 뺀다는 생각을 하는 듯했다. 그러다가 통증이 심해지니, 그때야 정혈을 해달라고 부탁했다. 그래서 해주기 시작했는데, 하고 난 후 어떠냐고 물어보니, 어느 날 이렇게 대답했다. "누나! 뼛속이 근질근질했었는데, 그 근질근질한 느낌이 완전히 사라졌어. 누나 최고!" 했다. 그 말을 들으니 얼마나 통쾌하던지, 날아갈 듯 기뻤다. 이제는 동생이 정혈의 효과에 대해 확실히 알고 가끔 해달라고 한다.

이 외에도 우리 딸과 아들을 비롯하여 며느리까지 가족 여러 명에게 정혈을 해줬다. 이렇게 자연정혈요법으로 가족의 질병을 치료하고 예방하는 가정 의사가 집집마다 있었으면 좋겠다. 머리가 아프면 머리에, 목이 아프면 목에, 등이 아프면 등에, 허리가 아프면 허리에 정혈을 하여, 그 즉시 효과를 보게 하는 '정혈 의사' 말이다. 운동이나 마사지, 전신욕 등은 혈관이 확장되고 굳은 피가 부드러워져서 혈액 순환은 돕지만, 일시적인 현상일 뿐 완전히 막힌 모세혈관을 뚫지는 못한다. 하지만 자연정혈요법은 모세혈관에 쌓인 어혈을 없애주어, 순환기성 질병인 암, 위장병, 심장병 등을 예방하고 치료도 해준다. 자연정혈요법은 빈혈이 생기지 않는 범위 내에서, 정혈을 하는 만큼 예방이 되고 치료가 된다.

일본에서 출간되자마자 베스트셀러에 오른 나카무라 진이치 작가의 저서 『편안한 죽음을 맞으려면 의사를 멀리하라』에서, 자연의 섭리인 노화와 죽음을 병원에서 병의 개념으로 보며 과잉 진료하는 것을 비판하고 있다. 의사는 최소한의 역할만 하는, 현명한 의료의 중요성을 역설하고 있다. 몰리에르(Moliére)가 이런 말을 남겼다.

"거의 모든 사람들은 병 때문이 아니고, 치료 때문에 죽는다."

> **적용** 운동은 체온을 올리고 혈액 순환도 도우며 면역력을 높이지만, 완전히 막혀버린 혈관은 열지 못한다.
> 이때 가장 좋은 치료법은 무엇인가?

2장
배움 · 열정

길이 없으면 찾고, 찾아도 없으면 만든다

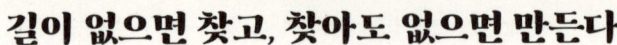

길이 없으면 길을 찾아라. 찾아도 없으면 길을 만들어라.
— 현대그룹 창업자 정주영

어린 시절 한겨울, 자고 일어나니 온 세상이 다 하얗게 변해 있었다. 안마당이 흰 눈으로 가득했고, 정원의 소나무 가지는 쌓인 눈으로 금세라도 부러질 것만 같다. 소나무에 맨 긴 빨랫줄에도 쌓인 눈이 곡예 줄타기하듯 아슬아슬하게 그 높이를 뽐내고 있다. 안마당과 꽃밭의 경계선이 없어졌고, 어디가 마늘밭이고 어디가 바깥마당인지 분별할 수가 없다. 뒤뜰 장독대에도 소복하게 쌓인 눈이 꼭 한 폭의 그림 같다. 뒷밭으로 이어지는 길에도 눈으로 덮여 온통 눈밭이다. 눈 내린 날에는 아버지께서 더욱 일찍 일어나셔서, 안마당으로부터 바깥마당 그리고 한길에 이르기까지 등굣길을 내셨다. 밀대로 눈을 밀고 대비로 쓸어, 우리는 편안하게 등교할 수 있었다.

며칠 전, 함박눈이 내려 안마당에서부터 시작하여 바깥마당으로 이어지는 길을 내었다. 마당 전체를 대비로 쓴다는 것은 엄두를 내지 못하고, 출입할 수 있을 정도의 길만 쓸었다. 오랜만에 빗자루를 들었더니, 허리가 아파왔다. 바깥마당 끄트머리 즈음 쓸 때는 손도 얼었고 콧물까지 흘러내렸다.

 이렇게 내린 눈을 쓸어 길을 내기도 쉽지 않은데, 바다 위에 길을 내는 것은 얼마나 힘든 공사일까? 건축공학이 아닌 국문학을 전공한 사람으로서는 상상만 할 뿐이다.

 서해대교를 지날 때마다 '바다를 가로지른 이 긴 도로를 어떻게 만들었을까? 우리나라의 건축술이 위대하구나!'라는 생각이 든다. 서해대교 입구에 다리의 길이가 적혀 있다. 총 길이 7.31km이다. 서해대교는 서해안고속도로 구간 중 충남 당진시에서 경기도 평택시로 연결한 다리로, 한국도로공사가 1993년 11월에 착공하여 7년간의 공사 끝에 2000년 11월에 개통하여 서해권 교통망을 확충했다. 이 서해대교보다 좀 더 긴 다리는 광안대로다. 부산 수영구 남천동 49호 광장에서부터 해운대구 센텀시티 부근을 잇는 총 길이 7.42km로, 바다를 가로실러 건축한 해상 복층 교량이다. 광안대로보다 더 긴 다리는 인천대교이다. 송도국제도시와 인천국제공항의 소재지 영종도를 잇는 총 길이 21.38km의 교량으로, 국내 최장거리 해상 교량이다. 세계에서 다섯 번째로 긴 다리로, 바다 위를 지나는 구간만 약 12km이다. 2005년 6월에 착공하여 2009년 10월 16일에 개통했다. 이렇게 서해대교, 광안대로, 인천대교는 길이 없던 곳에 길을 만들어냈다.

그러면 우리 인생길은 어떻게 만들어낼까?

운전하다 보면 알고 있다고 생각하는 길에서 헤맬 때가 있다. 길을 알고 있다고 생각하기 때문에 내비게이션을 켜지 않은 것이다. 그런데, 가다 보면 골목길에 이르게 되고, 이어 어느 집 앞마당에 이르게 된다. '여기 분명히 길이 있었는데?' 그때야 비로소 내비게이션을 켜고 안내에 따라 방향을 바꾸어 길을 찾아간다.

이렇게 운전은 내비게이션의 도움을 받아 잃은 길을 찾지만, 인생길을 잃었을 때는 어떻게 해야 할까? 열심히 살아왔지만, 인생의 막다른 골목에 다다라 길이 보이지 않을 때가 있다. 어떻게라도 방향을 바꾸어 그곳을 빠져나와야 하는데 길이 안 보여 막막할 때가 있다. 삶이 송두리째 흔들리는 죽을 것 같은 위기에 몰릴 때도 있다. 어떻게 벗어나야 할까? 인생의 롤러코스터를 몇 번이나 더 타 봐야 나다운 인생길을 만들어낼 수 있을까?

인생길을 찾는 데는 책이 최고다. 특별히 인생의 방향 감각을 잃었을 때는 책 중에서도 성경책이 최고다. 성공한 사람들 대부분은 책 속에서 길을 찾았고, 찾아낸 그 길을 믿고 인내심을 발휘하여 걸어갔다. 필자 또한 책 속에서 길을 찾았고, 작가의 길, 책 쓰기 코칭의 길도 찾았다. 길은 또 다른 길로 이어졌다. 길을 찾아냈으면 어떻게 해야 할까? 그 길을, 그 삶의 방향을 믿고 나아가야 한다.

이탈리아 항해가 콜럼버스(Christopher Columbus)는 아메리카 신대륙을 발견한 사람으로 유명하다. 그는 그 누구도 예측하지 못하던 시대에, 홀로 배를 타고 서쪽으로, 또 서쪽으로 긴 항해를 하기 시작했다. 요시카와 나미 지음, 장운갑 편역의 『성공을 부르는 사소한 습관』에 이런 글이 있다.

"그는 많은 사람들의 반대의견을 물리치고 목표한 방향으로 키를 잡고 나아가기 시작했다. 그리고 마침내 아메리카 대륙을 발견했다. 그런 그가 도중에 어느 물가에 도착했을 때 한 사람이 그에게 이렇게 물었다.

'당신은 무엇을 하려는 겁니까? 매우 긴 항해가 될 것 같은데, 그 사이 당신은 배 안에서 도대체 무엇을 하고 있습니까?'

그러자 콜럼버스가 이렇게 대답했다.

'나는 서쪽으로, 그저 서쪽으로 갈 뿐입니다. 그것이 내가 해야 할 일이기 때문입니다. 어제도 그 전날도 계속해서 나는 서쪽으로 향하고 있었습니다. 그리고 오늘도 내일도 모레도 나는 서쪽으로 갈 것입니다. 이것은 매우 중요한 일입니다. 왜냐하면, 그 방향에 내가 찾고 있는 것이 있다는 것을 알기 때문입니다. 그리고 나는 아직 아무도 보지 못한 그 장소에 정말로 그것이 있다는 것을 믿고 있습니다. 그러므로 그저 그 믿음을 향해 돌진할 뿐입니다.'

많은 사람들은 꿈이나 희망을 향해 나아갈 때 무엇을 위해서인가, 어떻게 하기 위해서인가라고 하는 질문에 너무나 구애를 받는다. 그러나 아무리 시간이 걸리더라도 자신이 믿고 있는 것을 확실히 손에 넣는 사람은 그런 이유에 연연하지 않는다. 그저 그렇게 믿고 그 현실을 보고 싶다는 일념으로 나아간다."

그렇다. 아무리 시간이 걸리더라도 방향만 확실하다면 믿고 계속 나가야 한다. 독일 작가인 괴테가 말했다. "인생은 속도가 아니라 방향이다."라고.

대개 사람들은 짧은 시간 안에 많은 것을 이뤄내려고 한다. 누가 얼마나 빠르게 많은 것을 이뤄내는지 대결이라도 하려는 듯, 바로 눈앞의 세상만 바라보며 살아가고 있다. 그런데 그렇게 살다 보면 인생의 방향 감각을 잃어 막다른 골목에 다다를 수 있다. 상상도 하지 못한 인생의 롤러코스터도 탈 수 있다. 이때 쉽게 좌절하거나 주저앉지 말고, 어느 지점부터 잘못되었는지 그 지점으로 되돌아가 다시 시작해보는 것이다. 이제 방향을 바로 잡았다면 부딪혀 보는 것이다. 자신의 삶에 정면으로 대하는 것이다. 이런 상황에서 가장 필요한 것이 무엇일까? 삶의 용기다. 살아갈 용기를 한 번 더 내보는 것이다. 그래서 살아가는 것이 아니라 살아내는 것이다. 미국 군인이었던 조지 S. 패튼(George Smith Patton Jr)이 말하기를 "용기란 공포를 1분 더 참는 것이다."라고 했다. 어떠한 상황에서도 1분을 더 참아내면 그 1분이 1시간을, 1시간이 1년을, 아니 평생을 살아가게 만들어 더욱 탄탄한 인생길이 만들어지는 것이다.

지금 인생의 막다른 골목에 서 있다면, 한 번 더 용기를 내어 보자. 분명 새 아침이 열리고 짙은 안개도 걷힐 테니, 앞이 보이지 않는다고 불평하지 말자.

적용　인생의 막다른 골목에서 용기 내어 참고 기다려 본 경험이 있는가?

＊ 02 ＊
당신에게 꽃을 주기를 기다리지 마라

우리의 인생은 우리가 노력한 만큼 가치가 있다.
― 프랑수아 모리아크(Francois Mauriac)

　어머니를 보살펴드리는 당번이 되어 자주 친정에 가 있다 보니, 어린 시절로 돌아간 느낌이다. 꽃밭에 꽃이 많아 '꽃집'이라 불렸던 우리 집, 올해는 꽃을 좀 심어야겠다는 생각을 하게 됐다. 우선 꽃밭을 매기 시작했는데, 풀은 심지도 않았는데 얼마나 많은지 꽃밭이 아니라 풀밭이다. 어렸을 적에는 풀이라면 무조건 뽑아서 버렸는데, 나이 들고 보니 어떤 풀은 예쁜 화초였다. 꽃병에 꽂아 거실에 두어도 손색이 없는 꽃꽂이가 되리라. 또 마음에 드는 풀은 꽃으로 명명(命名)하면서 꽃밭에 남겨 두기도 했다. "너도 예쁜 꽃이니, 꽃밭에서 살아." 그렇게 세 차례 김을 매면서 잊고 있었던 풀의 끈질긴 생명력에 감탄하지 않을 수 없었다. 김매기를 하고 1주일이 지나면 풀이 무성해지고, 또 김매기를 하고 1주일이 지나니 또 무성해졌다. 무성해진 풀을 보면서 오세영 시인의 〈잡초〉

라는 시가 떠올랐다. 잡초를 뽑으면 순순히 뽑히지 않고, 뽑히더라도 재빨리 씨를 퍼뜨리며 뽑힌다는 것이다. 대를 물리겠다는 잡초의 강한 생명력을 잘 표현하고 있다.

꽃밭에는 백합, 함박꽃, 박태기나무꽃, 철쭉꽃이 있어 봄철 내내 눈이 즐거웠다. 작년에 꽃밭에 떨어진 서광 꽃씨가 싹을 틔우고 잎이 올라와, 김을 매주고 여기저기 옮겨 심어 가꾸었더니, 8월 말에 예쁜 꽃을 피워냈다. 어머니는 이 꽃을 보실 때마다 이렇게 말씀하셨다. "서광은 집 안으로 뱀이 들어오지 못하게 하는 꽃이여." 훗날 어머니가 이 땅에 계시지 않을 때는, 서광이 빨갛게 꽃잎 피우며 말해줄 것이다. "뱀이 집 안으로 들어오지 못하게 하는 꽃이여." 미국 원예사였던 루터 버뱅크(Luther Burbank)가 말했다.

> "다른 사람이 당신에게 꽃을 주기를 기다리지 마라. 그 대신에 당신 스스로의 정원을 만들고 당신의 영혼을 가꿔라."

〈서광〉

재작년에 받아두었던 코스모스 씨가 있었다. 한 해 묵은 꽃씨라서 '싹을 틔울 수 있을까?' 의심하면서 꽃밭에 씨를 뿌렸는데, 미안할 정도로 모두 싹을 틔웠다. 물을 주면서 키워 길가에 옮겨 심었는데, 보고 또 보아도 또 보고 싶을 정도로 예쁘게 꽃을 피웠다. 가뭄과 바람, 그 모든 어려움을 이겨내고 꽃을 피운 코스모스, 도종환 시인의 시 〈흔들리면서 피는 꽃〉이 생각났다. 바람에 흔들리고 비에 젖으면서 이토록 예쁜 꽃잎을 피워내다니. 그러고 보면 흔들리지 않고 가는 사랑이 어디 있으며, 젖지 않고 가는 삶이 어디 있겠는가!

〈코스모스〉

꽃밭을 가꾸다 보니 호박도 심으면 좋겠다는 생각에, 호박씨를 꽃밭에 뿌려놓고 물을 주었다. 파종한 지 1주일이 지나니 싹이 올라왔고, 2주일이 지나니 잎이 아기 손바닥만 하게 자라났다. 농부의 자식인데도 처음으로 직접 파종해보았기에 얼마나 신기하고 흐뭇한지, 보고 또 보면서 좋아했다.

뒤늦게 꽃밭에 모종한 호박을 밭에 옮겨 심고 물을 주었다. 이즈음 얼마나 가물었는지 모종이 말라 죽을지도 모른다는 생각에 스무 포기 이상 심었다. 호스를 사다가 물을 주면 편했을 텐데, 운동한다고 생각하며 대야로 물을 떠다가 주곤 했다. 너무 가물어 애호박 따는 것을 거의 포기할 무렵, 비가 오기 시작했다. 장마가 시작된 것이다. 거름도 없이 그렇게 심은 호박이 꽃을 피우더니 드디어 호박이 열렸다. 처음에는 땅콩 알맹이만 하더니, 1주일 새에 이렇게 큰 걸 보고 깜짝 놀랐다. '와~ 애호박아! 반갑다. 너를 보기 위해 그 가뭄에 물 주고 또 물 주었는데, 네가 은혜를 몇 배로 갚는구나!' 8월 초순, 거친 풀밭에서 먹기도 아까운 애호박 두 개가 열렸다. 왼쪽 사진의 작은 호박이 커서 오른쪽 사진의 호박이 된 게 아니다. 둘은 별개다.

꽃밭에 남겨둔 모종이 10월이 되니, 안마당에 있는 소나무를 타고 올라가면서 호박이 연이어 열렸다. 호박을 따 나물을 해 먹는 기쁨보다, 보는 기쁨이 훨씬 더 컸다.

어머니가 밭을 가꾸실 때는 빨간 황토밭이었다. 날이 밝기 시작하면 밭으로 가셨고, 뜨거운 한낮에는 좀 쉬셨다가 어두컴컴해져 풀이 안 보일 때까지 밭에서 사셨다. 여동생은 그 황토밭이 예뻤다며, 밭고랑을 맨발로 밟고 다녔던 때를 그리워했다. 우리 3자매가 어렸을 때는 어머니와 함께 밭에서 김매기를 자주 했는데, 지금 생각하면 그 시절이 꿈만 같다. 어머니와 3자매가 밭이랑 하나씩 맡아 김매기 시합을 하기도 했다. 올해 호박을 심고 물을 주면서 어머니께서 얼마나 애쓰셨는지를 다시 한번 깨닫게 되었다. 비단 밭을 일구며 흘렸을 땀이나 고생만을 말하는 것이 아니다. 사랑하는 자녀들에게 먹이고 입히기 위해 어머니는 씨를 뿌리고 날마다 호미로 풀을 매며 밭에서 사셨던 것이다. 이 모든 경험은 어머니가 한평생 농부의 아내로 힘들게 살아오셨음을, 또한 그 노고 덕분에 우리가 지금 살고 있음을 다시 한번 깨닫게 해주었다. 내가 성공했다면 밭에서 사셨던 우리 어머니를 보면서 성장한 덕분이리라.

꽃을 보려고 심었는데, 꽃 속에 사랑이 있었고 삶이 있었다. 손수 호박을 심어 보니, 어머니의 사랑과 노고가 거기 있었다. 김을 매고 가뭄에 물 주며 가꾼 꽃이, 소나무를 타고 올라간 호박 덩굴에서 예쁘게 열린 애호박이 우리 가족 모두를 치유해주며 좀 더 나은 인간으로 이끌어주었을 것을 나는 믿는다.

우리가 어떤 것을 얻고자 시도했을 때, 원하는 것만 얻는 것이 아니다. 마치 운동하기 위해 등산 갔을 때, 오래된 산삼을 캐는 격과 같다. 삶이란 최고가 되기를 요구하지 않는다. 최선을 다해 어떤 일을 시도했을 때, 원하는 것 이상으로 귀한 것을 얻게 된다는 사실을 우리는 알아야 한다.

누군가 당신에게 꽃을 주기를 기다리지 마라. 설령 꽃을 가져다 준다고 하더라도 그 꽃은 금세 시들기 마련이며, 꽃 속에 사랑이 있고 삶이 있다는 것을 알지 못한다. 하지만 스스로 꽃을 심고 꽃밭을 가꾼다면, 비록 손바닥만 한 작은 꽃밭일지라도 오랫동안 시들지 않는 꽃을 보게 될 것이며, 자신의 영혼까지 가꾸는 아름다운 시간을 갖게 될 것이다.

> **적용** 지금 당장 시도해보고 싶은 것은 무엇인가? 텃밭에서 가꾸어보고 싶은 꽃과 작물이 있다면 적어보자. 텃밭이 없다면 작은 화분을 준비해서 시작해보자.

* 03 *
지금 당장 시작하는 것이다

오늘을 붙들어라. 되도록이면 내일에 의지하지 말라.
그날, 그날이 일 년 중에서 최선의 날이다.

—에머슨(Ralph Waldo Emerson)

한 철학자가 제자에게 물었다.

"세상에서 가장 긴 것이 무엇인지 아느냐?"

제자는 전혀 모르겠다는 얼굴로 고개를 저었다.

"그럼 세상에서 가장 짧은 것은 무엇인지 아느냐?"

제자는 이번에도 대답하지 못했다. 철학자는 미소를 지으며 제자를 향해 입을 열었다.

"세상에서 가장 긴 것은 시간이고, 가장 짧은 것도 시간이지. 길다고 하면 시작도 끝도 없이 길지만, 짧다고 하면 눈 깜짝할 사이에 지나가 버리고 마니까 말이다."

응급환자가 발생했을 때, 앰뷸런스를 기다리는 보호자에게는 1분이 얼마나 길게 느껴지겠는가. 오랜만에 사랑하는 사람을 만났을 때, 보이지도 않는 것이 소리도 없는 것이 눈 깜짝할 사이에 지나가 버리는 것도 시간이다. 시간은 누구에게나 공평하게 주어지지만, 어떻게 활용하느냐에 따라 인생이 달라지기도 한다. 시간을 잘 활용할 줄 아는 사람이야말로 성공하는 인생을 살아갈 수 있다. 나이를 먹을수록 시간은 더욱 빠르게 지나가니, 우리가 잡을 수 있는 시간은 바로 '지금'이라는 시간뿐이다. 하버드 대학을 졸업한 억만장자인 어느 사업가에게 어떻게 성공을 이룰 수 있었느냐고 질문했더니, 다음과 같이 대답했다.

"지금 당장 하는 것입니다."

성공한 사람다운 명확한 답변이다. 쏜 화살처럼 날아가는 '지금'을 붙잡아, 자신이 이루고 싶은 꿈을 이루어낸 사람이다. 어떤 일을 하고 싶어 하면서도 세월 탓만 하며 실제 행동으로는 옮기지 않는 이들이 있다. 그들은 10년 전에도, 아니 20년 전에도 나이 탓만 하며 너무 늦었다고 말했을 것이다. 진정으로 그 무엇인가를 원한다면 지금 당장 시작하는 것이다. 그 일을 실천하기 가장 이른 때는 '지금'이다. 내일이 올 때까지 기다리지 않는 것이다. 나이가 예순이든 여든이든, 환경이 좋든 나쁘든, 지금 당장 몸을 일으켜 행동으로 옮기는 것이다. 요키카와 나미의 저서 『성공을 부르는 사소한 습관』에 이런 글이 실려 있다.

"모든 것이 완벽하게 준비되어 있지 않더라도 지금 모습 그대로 그 일에 착수해야 한다. 그래야만 그때부터 일이 움직이기 시작하고 성공에 근접하는 것을 실감할 수 있다. 좀처럼 성공하지 못하는 사람들의 원인과 고통 중 한 가지는 '그 일에 착수하지 않는 것'이다. 사람은 어떤 일을 하는 것보다도 그것을 '해야지, 해야지' 하고 생각만 하고 실행하지 못할 때 더욱 괴로운 법이다. '하고는 싶지만 못할 것 같다.'라고 생각하는 시간이 길어지면 길어질수록 정신은 피곤해진다. 착수하고 나면 모든 어려움에서 한순간에 해방된다. 그리고 그 일은 스스로 움직이기 시작한다."

'콘텐츠가 왕이다.'라는 말로 유명해진 미국의 억만장자 사업가 섬너 레드스톤(Sumner Murray Redstone)은 하버드에서 공부하면서 법학 박사학위까지 받은 인물이다. 그가 처음으로 명성을 얻었을 때는 63세로 평범한 사람이었던 그가, 인생의 황혼기에도 깊이 사고하고 계속 배우기를 멈추지 않은 결과, 미디어 엔터테인먼트 왕국을 건설해냈다. 2001년 미국에서 매우 유명한 블록버스터 영화인 〈아이언맨〉을 비롯하여 큰 흥행을 보였던 〈트랜스포머〉를 제작한 〈파라마운트사〉, 세계적인 뮤직 콘텐츠 방송사인 〈MTV〉, 〈CBS〉 등을 소유하여 세계 최대의 엔터테인먼트 기업을 만들어냈다. 한 기자가 그의 흰머리를 보고 이렇게 질문했다.

"어떻게 예순셋의 나이에 엔터테인먼트 사업을 시작할 용기를 내셨죠?"

그러자 레드스톤이 웃으면서 대답했다.

"예순셋이라니요, 저는 이제 스무 살입니다. 나이가 무엇을 증명할 수 있겠습니까? 시간을 귀중히 여기지 않으면 여든의 나이에도 아무것도 이루지 못합니다. 중요한 것은 목표와 방향을 가지는 것이고, 그다음에는 1분 1초를 제대로 보내는 것입니다. 온 마음을 다하면 나이에 상관없이 성공할 수 있습니다."

그렇다. 60대의 나이라도 자신이 스무 살이라고 생각하고 꿈을 펼치면 스무 살인 것이다. 나이 상관하지 않고 자신의 꿈을 펼친다면 진정 멋진 사람인 것이다. 시력도 좋지 않고 다리에 힘이 풀렸다고 그냥 세월만 보내기에는 남은 생이 아깝다. 무엇을 하기에는 너무 늦은 나이라 하면서 포기하기에는 남은 시간이 길다. 그동안 이룬 것이 없다면 '지금'을 붙잡지 않은 것이니, 지금 가슴속에 묻어두었던 꿈을 꺼내 시작해보는 것이다. 인생의 변화를 가져오며 성취감과 행복을 느끼게 될 것이다. 여기 늦은 나이에도 자신의 꿈에 도전하여 큰 기적을 이룬 인물들이 또 있다.

프랑스의 교수이자 생물학자이며 시인인 장 앙리 파브르(Jean Henri Fabre)이다. 그는 『파브르의 곤충기』 10권을 완성했던 나이가 85세였다. 파브르는 어렸을 때부터 벌레들을 관찰하는 것을 즐겼고, 직접 벌레들을 키우기도 했다. 후에 초등교사, 중등교사로 교직 생활을 하면서도 평생을 생활고에 시달렸던 그가 30년간 몸

담았던 교육계에서 떠나, 인생 말년에 곤충기를 쓰는 데 온 정열을 쏟아 결국 대작을 써낸 것이다.

르네상스 시대 이탈리아의 조각가이자 건축가, 화가, 시인이었던 미켈란젤로 부오나로티(Michelangelo Buonarroti)는 젊은 시절에도 여러 조각작품을 남겼지만, 89세를 일기로 세상을 떠나기 직전까지 정과 망치를 손에서 놓지 않고 예술의 열정을 쏟아부었다. 그가 남긴 마지막 작품은 '론다니니 피에타'로, 이 작품은 힘이 풀려 쓰러지는 예수를 성모 마리아가 등 뒤에서 일으키려고 하는 모습의 입상이다. 비록 미완성으로 남기고 세상을 떠났지만, 작품을 감상하는 이들의 각자의 영감으로 완성에 이르게 하는 작품이다.

〈미켈란젤로의 '론다니니 피에타'〉
출처: 블로그 brunch.co.kr

자신의 재능을 살린 미국의 국민화가 그랜드마 모지스(Grandma Moses)가 있다. 75세에 처음 그림을 그리기 시작해 101세에 세상을 떠나기까지 1,600여 점의 작품을 남긴 할머니 화가이다. 그녀는 자녀들을 키우느라 자신의 재능은 뒷전이었는데, 일흔이 넘어서야 주변의 이야기들을 풍경화에 아름답게 담아내기 시작했다. 그녀가 88세 되던 해에는 미국에서 '올해의 젊은 여성'으로 선정되었고, 93세에는 〈타임〉의 표지를 장식했다고 한다. 그리고 100세 생일에는 뉴욕시가 '모지스 할머니의 날'로 선포할 정도로 미국인들이 이 할머니 화가를 많이 사랑했다. 그녀는 명언을 남기기도 했다. "인생은 우리 스스로 만드는 것이다. 이전에도 그랬고 앞으로도 그럴 것이다."

〈그랜드마 모지스(Grandma Moses)의 '마을 축제'〉
출처: WEART(wart.co.kr)

박찬순 소설가는 2006년 60세에 조선일보 신춘문예 소설부문에 당선됐고, 김수영 소설가는 2020년 62세에 조선일보 신춘문예에 당선되었다. 김 작가는 자녀들을 모두 대학에 보내고 직장에서 은퇴하면서 글쓰기를 자유롭게 할 수 있었다고 한다. 베르나르는 은퇴 후 최초로 실크로드를 도보로 횡단한 사람으로, "은퇴란 멋진 것이다. 그것은 인생에서 완전한 자유를 갖게 되는 특별한 순간이다."라고 했다. 곧 은퇴할 나이라면 인생에서 완전한 자유를 얻을 나이가 된 것이다. 이제 자유를 누리며 자신을 돌아볼 때다. 자신의 재능이 무엇인지, 다시 한번 가슴 깊이 묻어두었던 꿈을 꺼내 펼쳐볼 때다.

필자 또한 하고 싶었던 것들이 많았다. 피아노 연주, 수영, 탁구, 독서, 책 쓰기 등 몇 가지 시도해보았지만, 꾸준히 하지는 못했다. 그런데 은퇴할 무렵이 되어서야 그중 책 쓰기를 본격적으로 시작했고, 은퇴한 이후 완전한 자유를 얻어 수영도 제대로 배우고 있다.

무엇을 하기에 늦은 나이는 없다. 하고 싶은 일이 있다면 지금 당장 시작하는 것이다. 자신이 진정으로 원하는 것이 있다면, 지금 일어나 행동으로 옮기는 것이다. 그러면 자신의 재능을 발견하게 될 것이고, 자신이 모래밭의 모래인 줄로만 알고 살았던 것을, 알고 보니 진주였음을 깨닫게 될 것이다. 월트 디즈니(Walt Disney)가 남긴 유명한 말이 있다.

"시작하는 방법은 말을 멈추고 즉시 행동하는 것이다."

| 적용 | 무엇을 하기에 늦은 나이는 없다. 늦었다는 생각에 포기해 버린 것이 있는가? |

✱ 04 ✱
배움은 젊음의 샘

배움은 젊음의 샘이다.
아무리 나이가 많이 들었더라도 배움을 멈추지 마라.
- 도교

만일 내가 인생을 다시 산다면, 초등학생 시절로 돌아가고 싶다. 학교에서 중학생들을 가르쳐 보니, 초등학생 때 어떤 책을 읽고, 무엇을 배우며, 어떻게 생활했느냐에 따라 엄청난 개인차를 보였기 때문이다.

그래서 초등학생 시절로 돌아간다면 책도 많이 읽고, 피아노도 열심히 치며, 체육 시간에는 달리기나 뜀틀 뛰기도 열심히 해보리라. 그러면 누군가 이렇게 말할 것이다. 그 시절로 돌아가면 땔나무를 해야 하며, 김매기를 해야 하는데 그래도 좋으냐고. 그래도 좋다고 대답하리라. 그런데 과거로 돌아갈 수 없는 것이 인생이다. 과거 어느 시점으로 돌아가 인생을 다시 산다면 이것도 배우고 저것도 배우겠다고 하겠지만, 되돌릴 수는 없는 것이 삶이다. 그래서 하고 싶은 것이 있다면 지금 하는 것이다. 배우고 싶은 것이 있다면 더는 미루지 말고, 당장 시작하는 것이다.

　교직에 있었을 때, 교사들이 출근하기 전 그룹으로 수영을 배우러 다녔는데, 난 아침 식사 준비로 시간을 낼 수가 없었다. 출근하여 동료들이 수영장에 다녀온 얘기를 들려줄 때면, 그들이 얼마나 부러웠는지 모른다. 이제야 그 소원을 풀고 있다. 퇴직하고서도 2년이 지난 작년 여름, 드디어 수영 강습을 받게 된 것이다. 무엇인가를 배운다는 것은 가슴 설레고 행복한 일이다. 사람들이 그동안 내게 이런 질문을 많이 해왔다. "어떤 운동을 하길래 그렇게 날씬하세요?", "혹시 요가하세요?" 그런데 특별히 운동하는 것이 없었다. 늘 바쁘다 보니, 이리 뛰고 저리 뛰어다녔을 뿐이다. 그래서 "너무 바빠서 살찔 새가 없어서 그래요." 했었다. 그런데, 요즈음은 대답이 바뀌었다. "수영 배우고 있어요."라고. 얼마나 근사한 답변인가! 그동안은 몸만 날씬했을 뿐 근육이 없어 근력이 없었고, 언덕을 오를 때는 숨이 차올랐다. 그래서 운동하기를 결심하고, 수영 강습을 망설임 없이 신청했다.

　수영을 시작한 지 한 달이 지나고 두 달째 접어들었을 때 배영을 배우기 시작했는데, 물에 대한 공포증이 상당히 심했다. 자유형에서 느끼지 못했던 공포증이었다. 킥판을 잡고 물 위에 누워 발차기해야 하는데, 젊은이들은 단번에 누워 발차기하면서 가고 있었다. 세상 풍파를 다 겪은 내가 왜 이런 용기는 내지 못할까 하고 자괴감마저 들었다. 용기를 내어 시도해보았지만, 선뜻 물 위에 눕지는 못하는 것이다. 누우면 풍덩 빠질 것 같고, 빠지면 발버둥 치며 일어나는 내 모습을 상상하니 물이 더 무서워졌다. 다음 날 연습을 해보겠다고 수영장에 나갔다가, 귀한 분을 만났다. 자신은 지금 두 달이 되었는데도 물이 무서워 아직 배영을 시작하지도 못했다는 것이다. 이때 난 한 달이 되어 배영을 막 시작했을 무렵인데, 나보다 물에 대한 공포증이 더 심한 사람도 있다는 것을 알았다. 동병상련(同病相憐)이라고, 그 여자분이 옆에서 도와줘서 처음으로 킥판을 잡고 25m를 두 번이나 왔다 갔다 했다. 100m를 배영으로 발차기 연습한 것이다. 이렇게 연습한 이후에 그 여자분이 옆에 있다고 생각하면서 혼자 해보니, 신기하게도 배영 발차기가 되었다.

 2개월이 지나니, 약간의 근육이 생기고 피부에 탄력도 생겼다. 폐활량이 늘어났고 혈압도 낮아져, 수영 배우기를 잘했다는 생각이 든다. 자유형에서는 호흡이 가장 힘들었고, 배영에서는 물을 안 먹으면서 팔 돌리는 것이 가장 힘들었다. 배영을 배울 때 나 자신을 테스트하면서 극기 훈련의 시간으로서는 최고였다. 브라질의 소설가 파울로 코엘료(Paulo Coelho)가 "언제나 현재에 집중할 수 있다면 행복할 것이다."라고 말했는데, 요즈음 수영 관련 유튜브를 보면서 침대 위에서 배영 팔 돌리기를 연습하고 있으니, 행복한 사람임이 틀림없다. 철학자 프리드리히 니체(Friedrich Nietzsche)가 말하기를 "언젠가 날기를 배우려는 사람은 우선 서고, 걷고,

달리고, 오르고, 춤추는 것을 배워야 한다. 사람은 곧바로 날 수는 없다."라고 했는데, '음~파' 연습부터 발차기, 팔 돌리기를 배워, 자유형과 배영을 어설프게 마치고 개구리헤엄처럼 하는 평영에 들어갔을 무렵 강사 선생님이 이렇게 말씀하셨다. "배영을 잘하지 못한다고 해서 절망할 필요 없어요. 언젠가 모든 영법이 물꼬 터지듯 터지는 때가 있어요." 얼마나 힘 있는 말인가. 그 말에 충분한 위로와 격려가 되었다. 인도의 정신적·정치적 지도자 마하트마 간디(Mahatma Gandhi)가 이런 말을 남겼다.

"내일 죽을 것처럼 살고, 영원히 살 것처럼 배워라."

지금 수영을 그렇게 배우고 있다. 물속에 들어가니 좌우, 전후방 모두 넘실대는 물뿐이다. 여기저기서 튀기는 물이 얼굴을 때리기도 한다. 한마디로 수전(水戰)이다. 딸 같고 제자 같은 젊은이들이 열심히 배우는 내게 이렇게 말했다. "연세가 있으신데, 수영 배우러도 오시고, 대단하세요.", "지금 수영 많이 느셨어요." 어떤 때는 엄지손가락을 들어 올리기도 한다. 그렇다. 킥판을 잡고 자유형을 처음 배울 때, 물에 뜨지도 못하던 사람이 뜨게 되고, 팔 돌리기를 한 번도 못 하던 사람이 두 번, 세 번으로 점점 늘었으며, 킥판을 잡고 물 위에 눕지 못했는데 쉽게 누울 수 있으니, 그들의 눈에 발전한 모습이 보이는 것이다. 이렇게 시나브로 수영이 늘고 있다. 가랑비에 옷 젖는 줄 모른다더니, 꾸준히 참석한 결과이다. 수영을 오래 하신 분들이 내게 수영한 지 얼마나 됐냐고 물으면서 한결같이 하시는 말씀이 있다. 시간이 해결해준다는 것이다. 날짜가 해결해주니 수영장에 꾸준히 나오기만 하라고 했다. 수영은 2~3년이 기본이라고 했다.

수영을 해보니, 새로운 세상이었다. 이렇게 행복한 문화생활을 하기는 난생처음이다. 수영복을 입고 수영모를 쓰고, 수영모 위에 수경을 쓰니 수영 배울 준비는 끝, 이제야 수영을 배우는 무리에 들어왔다. 수영장에서 새로운 사람들을 만나고, 새로운 대화를 나누니, 삶에 지쳐있다가도 수영장에만 나가면 새 힘을 얻는다. 어떤 분은 내게 살며시 다가와, 진작 말을 걸고 싶었는데 선뜻 말을 걸지 못했다며 이렇게 말했다. "무슨 일을 하셨어요? 혹시 선생님이셨어요? 어디에서 많이 뵌 분 같기도 하고, 단아하고 온화하며 화사하세요. 마치 고운 한복을 입고 거문고 연주라도 하실 분 같아요." 단어 하나하나 골라 쓰는 느낌이었다. 아니 오랜 시간 준비해온 문장을 내 앞에 꺼내 놓는 느낌이었다. '단아하고 온화하다'는 말은 여러 번 들었지만, '화사하다'는 말은 오랜만에 들어 감동받지 않을 수 없었다. 요즈음 친정어머니를 돌봐드리느라 지쳐서 얼굴이 어두운 줄 알았는데, 그렇게 말씀해주시니 고맙기까지 했다. 이런 말을 들을 정도로 수영장에 가면 얼굴이 펴지고, 스트레스가 해소되며 행복해진다. 그분의 칭찬에 "감사합니다. 지금은 퇴직했는데요, 교직에 있었습니다." 했다. 그분 옆에 서 있던 또 다른 한 분은 내가 누구 닮았다며 "그 누구 있잖아, 누구" 했다.

무엇인가 처음 시작할 때는 다른 사람들보다 부족하다고 느낄 수 있다. 하지만 부족하다기보다 처음 경험하기 때문일 것이고, 남들과 똑같이 시작했는데 좀 느리다면 나이 탓도 있을 것이다. 젊으면 젊을수록 배움이 빠르다. 그러니 적응하고 숙달될 때까지 충분히 연습하고 기다려야 한다. 미국 작가 오리슨 스웨트 마든(Orison Swett Marden)이 "처음 걸으려고 할 때는 넘어졌다. 처음 수영하려고 할 때는 물에 빠져 죽을 뻔했다. 실패를 두려워하지 말라. 시도조차 하지 않을 때 놓치게 될 기회를 걱정하라."고 했다. 그렇다. 배영을 시작할 때 물에 대한 공포증으로 그만두고 싶었다. 그런데 그때 그만두었다면 배영은 물론 평영과 접영을 배울 기회를 놓치게 되었을 것이며, 수영은 영영 하지 못하게 되었을 것이다.

수영을 배우면서 세상사를 공부했다. 빨리 간다고 해서 멀리 가는 것도 아니고, 벽에 부딪힌다고 해서 좌절할 필요도 없었다. 손이 벽에 닿으면 손으로 벽을 밀고 나아가면 되었고, 발이 벽에 닿으면 발로 벽을 차서 더 멀리 나아가면 되었다. 오히려 벽을 추진력의 기회로 삼으면 되었다. 특별히 배영을 배울 때, 물이 입으로 코로 들어가는 위기 상황을 견뎌내는 것은 이 땅에 살면서 갖은 세상 풍파를 견뎌내는 인내를 배우는 시간이었다.

그동안 다른 사람과 경쟁하기 위해 무엇인가를 배웠다면, 그리고 때로는 부모님이나 형제자매들의 기대에 부응하기 위해 배움의 시간을 냈다면, 이제부터는 오로지 나 자신만을 위한 것들을 배워 보리라. 매 순간 이어지는 삶의 긴장을 풀고, 몸을 부드럽게 하며, 화사하게 웃으면서 살리라. 가능한 한 어떤 일에 부딪히면 심각하게 생각하지 않고, 수영에서 벽을 만났다고 생각하며 추진의 기회로 삼으리라. 가끔 엄두를 내지 못하는 일을 만날지라도 배영을 처음 배울 때처럼, 옆에서 돕는 이가 있다고 생각하면서 이겨내리라. 살아가면서 상상 속의 고통은 이젠 그만하고 대범하게 살아보리라. 미국 시인이자 사상가인 랠프 월도 에머슨(Ralph Waldo Emerson)이 남긴 말이 있다.

> "너무 소심하고 까다롭게 자신의 행동을 고민하지 말라.
> 모든 인생은 실험이다. 더 많이 실험할수록 더 나아진다."

적용　인생은 실험이다. 지금 무엇을 배우고 싶은가?

★ 05 ★
삶은 도전의 시간

도전은 시작하는 순간부터 가치가 있다.
- 헬렌켈러(Helen Adams Keller)

　1970년대, 고입과 대입시험에 체력장 제도가 있었다. 체력장 점수가 입학점수에 포함되어, 중3이나 고3이 되면 체육 시간 또는 방과후에 체력장 연습을 했다. 100m 달리기, 팔굽혀 매달리기, 오래달리기, 윗몸일으키기 등 연습하고 또 연습하여 체력장 시험을 치른다. 체력장에서 만점은 20점으로, 종목별 목표 점수를 정하고 꾸준히 연습하는 것이 중요했다.

　그런데 삶은 연습이 없다. 실습도 없다. 단 한 번만 주어지는 시간이다. 절망 가운데 고난을 겪는 시간도 내 삶이요, 희망을 품고 도전하는 시간도 내 삶이다. 가치 있는 것일수록 더디게 이루어지는 법이다. 1920년 독일에서 태어나, 어릴 적 미국으로 건너가 평생을 로스앤젤레스에서 살았던 미국의 시인이자 소설가, 칼럼니스트인 찰스 부코스키가 이렇게 말했다. "무엇인가를 시도할 것이라면 끝까지 가라. 그러면 너는 너의 인생에 올라타 완벽한 웃음을 웃게 될 것이다. 그것이 세상에 존재하는 가장 훌륭한 싸움이다." 그렇다. 무엇인가를 시도할 것이라면, 끝까지 가보는 것이다.

세상에는 수많은 시련을 딛고 일어선 위대한 인물들이 있다. 그중에 한 명이 미국의 16대 대통령이었던 에이브러햄 링컨이다. 링컨의 생애는 한마디로 파란만장하다. 그의 나이 10세 때 어머니를 잃었고, 20세 때 누이를 잃었으며, 27세 때는 결혼을 약속했던 여인이 갑자기 불치병으로 세상을 떠났다. 불행이 이것으로 그친 게 아니다. 42세 때 다섯 살이었던 둘째 아들 에드워드를 잃었고, 53세 때에는 열두 살이었던 셋째 아들 윌리엄마저 잃었다. 그뿐만 아니라 사업에서는 두 차례나 실패해, 빚을 갚는 데만도 17년이나 걸렸다. 그러면 선거에 출마해서는 어땠을까? 주의회 의원, 상원의원, 부통령 등 수차례 선거에 출마했으나 일곱 번이나 낙선됐다.

이렇게 링컨은 많은 시련을 겪었지만, 구약 성서에 나오는 욥처럼 신실한 신앙인으로서 새로운 힘과 지혜를 하나님께 구하며 그 모든 고난을 극복해냈다. 그를 붙들어주었던 성경 말씀이 로마서 8장 28절이다. "우리가 알거니와 하나님을 사랑하는 자, 곧 그 뜻대로 부르심을 입은 자들에게는 모든 것이 협력하여 선을 이루느니라." 그가 말씀으로 힘을 얻어 일어서고 또 일어서기를 거듭해, 드디어 대통령에 당선되었다. 이때 그의 아버지는 제화공이었는데, 당시 상원의원들은 대통령이 구둣방 아들이라는 것을 몹시 못마땅하게 여겼다. 링컨이 대통령 취임사를 하려고 단상에 올랐을 때, 한 상원의원이 일어서더니 이렇게 빈정거렸다.

"당신 아버지가 내 가족들 신발 만들던 사람이란 걸 잊지 마시오!" 상원의원들이 모두 폭소를 터뜨렸다. 이에 링컨은 이렇게 말문을 열었다.

"이 역사적인 자리에서 연설하기 전, 소중한 아버지를 기억나게 해주셔서 감사합니다. 아버지는 창조적인 예술가였습니다. 아버지보다 더 멋진 구두를 만들 줄 아는 사람은 이 세상에 없다고 생각합니다. 저의 아버지가 만들어드린 구두에 불만 가진 적 있는 사람은 제가 알기엔 한 명도 없었습니다. 아버지가 만든 구두는 그냥 신발이 아닙니다. 영혼을 쏟아부어 구두를 만드신 아버지가 자랑스럽습니다. 혹시 구두가 여러분 발에 맞지 않으면 말씀해주십시오. 비록 제가 훌륭한 제화공은 아니지만, 아버지로부터 배운 것이 있으니 그 정도는 수선해드릴 수 있을 겁니다."

링컨 대통령의 이 말에 상원의원들은 말 한마디 못 하고 잠잠해졌다. 자신에게 망신을 주려고 비난한 상원의원을 관대하게 포용했기 때문이다.

어느 날, 한 기자가 링컨에게 다가와 질문했다.

"당신의 놀라운 성공과 존경받는 삶의 비결은 어디에 있다고 생각하십니까?"

이에 링컨은 "다른 사람들보다 실패를 더 많이 경험했기 때문이지요. 실패할 때마다 실패에 담긴 하나님의 뜻이 무엇인지 기도하면서 찾아냈고, 그것을 성공의 디딤돌로 활용했습니다. 사탄은 제가 실패할 때마다 이렇게 속삭였지요 '이제 너는 끝장이다.'라고요. 하지만, 하나님은 제가 실패할 때마다 이렇게 말씀하셨습니다. '이번 실패를 거울삼아 더 큰일에 도전하라.' 저는 사탄의 속삭임 대신 하나님의 음성에 귀를 기울였습니다."라고 말했다.

링컨은 실패했을 때, 그 원인이 무엇인지 하나님께 구하며 칠전팔기의 강한 의지를 보인 사람이다. 그는 낙담하기보다 실패에서 주는 교훈을 성공의 디딤돌로 삼았다. 그는 대통령이 되었을 때 백악관을 기도실로 만든 사람으로, 1863년에는 노예해방선언을 발표하여 남부 연합 내 노예들을 해방시켰고, 미국 헌법 수정 13조를 통과시켜 미국 전역의 노예제 폐지를 이끌었다. 미국의 내전으로 일어났던 남북 전쟁 때, 링컨은 북부를 이끌어 승리함으로써 분열되었던 미국을 통합하는 데도 큰 역할을 했다.

다음 인물은 '도전의 아이콘' 닉 부이치치다. 그는 1982년 12월 4일에 호주에서 양팔과 양다리가 없는 비정상적인 아이로 태어났다. 의학계에서도 원인을 밝히지 못하는 희귀성 유전질환이라는 것이다. 하지만 그는 목사인 아버지와 자애로운 어머니가 가르쳐

준 성령의 음성을 들으며 그 모든 역경을 극복해냈다. 어른이 된 그는 희망, 행복, 감사의 전도자로 세계를 누비며 활동하고 있는데, 2008년에 우리나라에서도 그를 초청해, 〈MBC〉의 'W(더블유)' 프로그램에 첫 출연을 시작으로 네 차례나 다녀갔다. 샤넬 서 작가의 저서 『수 천억의 부를 가져오는 감사의 힘』에, 닉의 도전정신이 자세히 서술되어 있다.

"우리가 살다가 넘어지면 어찌해야 할까요? 또 넘어지면 어찌해야 할까요? 일어서야죠. 한 번 일어서려다가 실패해도 다시 도전해야 합니다. 만약 일어서려고 시도하다가 100번을 실패했다고 치죠. 제가 실패자일까요? 아닙니다. 절대로 포기하지 마십시오. 절대로 포기하지 마십시오. 절대로 포기하지 마십시오. 또다시, 또다시, 또다시 도전해야죠."

닉은 수없이 넘어지고 일어서기를 반복 또 반복했다. 닉이 넘어질 때마다 사탄이 다가와 속삭였다. '너 다리가 없잖아. 너 손도 없잖아. 너는 그 무엇도 할 수 있는 게 없잖아. 네 주제에……. 할 수 없어! 넌 안 돼! 넌 수영, 골프, 롱보드, 서핑 그 무엇도 하지 못해…….' 그러나 닉은 성령의 음성, 긍정의 음성, 믿음의 음성, 감사의 음성만을 들으려고 노력했다. 이렇게 닉 또한 링컨 대통령처럼 사탄의 속삭임 대신 하나님의 음성에 귀를 기울였다. 그는 넘어졌을 때 다시 일어서는 방법을 터득하여, 인터넷에 올린 여러 동영상에서 보는 바와 같이 직접 보여 주었다. 책이나 성경에 머리를 대고 일어서는 것이다. 그에게 있어 책과 성경은 그의 육체적인 몸을 일으키는 지지대였고, 절망적인 상황에서 긍정과 희망을 끌어내는 정신적 지지대이기도 했다. 그는 독서광으로서 저서를 여러 권 남기기도 했는데, 그중 『닉 부이치치의 허그』, 『닉 아저씨처럼 기도해봐』는 베스트셀러가 되었다.

삶이란 무엇인가? 가만히 생각해 보면 삶에 무엇을 기대하는 것보다, 삶이 내게 무엇을 기대하는지 물으며 살아야 한다. 도대체 '나'라는 인물은 이 땅에서 무엇을 잘할 수 있는지, 도전해보라고 주어진 소중한 시간이 '삶'인 것이다. 그래서 간절히 하고 싶은 일이 있으면 머릿속으로 상상만 하지 말고, 그 일에 도전해보는 것이다. 도전하여 실패하면 또 도전하고, 또 실패하면 또 도전하기를 반복하는 것이다. 이것이 진정한 삶, 아름다운 삶인 것이다.

지금 매우 절망적인 상황에 있는가? 그래서 삶의 목표를 잃은 채 망망대해의 조각배처럼 떠다니고 있는가? 살아야 할 이유를 찾지 못한 채 "내 삶에서 기대할 것이 하나도 없어요."라는 말만 나오는가? 그렇다면 삶으로부터 질문을 받아보는 것이다. '삶이 내게 무엇을 기대할까?'라고 말이다. 그러면 화법이 달라진다. "우선 살아 봐야죠, 살다 보면 좋은 일도 생기겠지요."라고. 이렇게 우선 살아내는 것이다. 살아내다 보면 삶의 목표도 생긴다. 여기에 더하여 신앙인이라면 빌립보서 4장 13절 말씀 "내게 능력 주시는 자 안에서 내가 모든 것을 할 수 있느니라."에 힘입어, 더욱 강한 열정을 보이게 될 것이다. 그리고, 그 무엇도 해내지 못할 것이 없겠다는 생각이 들 것이다. 그런 인생마다 실제로 하나님께서 내미시는 도움의 손길을 만나게 된다. 필자 또한, 고난이 닥칠 때면 링컨 대통령과 닉 부이치치처럼 긍정 또 긍정의 마음으로, 사탄의 속삭임 대신 하나님의 음성에 귀를 기울였다. 이 세상에 고난 없는 삶이란 존재하지 않는다.

 지금 살아있다는 것, 그래서 숨 쉴 수 있다는 것, 다시 봄이 오는 것을 느낄 수 있다는 것, 다시 사랑할 수 있다는 것은 축복받은 일이다. 그러니 더욱 힘을 내어, 하고 싶은 일에 도전해보는 것이다. 남아공 대통령이었던 넬슨 만델라가 "도전은 불가능을 가능으로 만든다."고 했다. 도전하여 실패하면 또 도전하고, 또 실패하면 또 도전하기를 반복하는 것이 진정한 삶이리라. 도전하지 않으면 자신의 역량이 얼마만큼인지 알지 못하고 삶의 무대에서 퇴장할 수도 있다. 항상 맑은 날씨면 사막이 되지만 비바람이 몰아쳐야 비옥한 땅이 되듯이, 시련이 닥칠지라도 일어서고 또 일어서기를 반복한다면, 그리하여 드디어 일어서는 데 성공한다면, 그 삶은 더욱 눈부시게 빛날 것이다. 삶은 어떠한 역경 속에서도 도전해보라고 주어진 아름다운 시간임을 잊지 말자. 다음은 독일 시인 요한 볼프강 폰 괴테의 시 '눈물 젖은 빵을 먹어보지 못한 자'의 일부분이다.

"눈물 젖은 빵을 먹어보지 못한 자
근심에 찬 밤을
침상에서 울며 지새워본 적 없는 자
그런 자는 모른다. 너희 천상의 힘을!"

Who never ate with tears his bread,
Who never through night's heavy hours
Sat weeping on his lonely bed,
He knows you not, ye heavenly powers!"

적용   링컨이나 닉 부이치치처럼 도전해 본 경험이 있는가?

* 06 *
성공의 여부는 끈기에 달려 있다

우표에 대해서 생각해 봐라. 우표는 목표에 도달할 때까지
편지나 소포에 계속 붙어있기 때문에 가치가 있는 것이지 않은가.
– 조쉬 빌링스(Josh Billings)

어떤 일에 성공한 사람은, 그 일에 이론만 갖고 있지 않다는 것을 의미한다. 즉 행동으로 옮겼다는 말이고, 이어 끈기를 발휘하여 꾸준히 노력했다는 말이다. 꿈이 있어도 끈기를 발휘하지 못하는 사람은 그 이유가 여러 가지 있겠지만, 우선 꿈이 그만큼 간절하지 않다고 볼 수 있다. 꿈이 간절한 사람은 이유를 대지 않는다. 그 어떤 장벽이 있더라도 헤치고 넘어간다. 도종환 시인의 시 〈담쟁이〉처럼.

"담쟁이는 말없이 그 벽을 오른다.
물 한 방울 없고 씨앗 한 톨 살아남을 수 없는
저것은 절망의 벽이라고 말할 때
담쟁이는 서두르지 않고 앞으로 나아간다."

〈담쟁이〉

　끈기를 계속 발휘하지 못하는 또 하나의 이유는 실패에 있기도 하다. 시도할 때마다 모두 성공하면 좋으련만, 실패할 때도 있기 마련이다. 실패했을 때, 절망하며 그대로 주저앉으면 일어서기가 힘들어진다. 주저앉은 시간이 길면 길수록 더 힘들어진다. 하지만 실패한 크기만큼 그 분야에 풍부한 지식과 지혜가 생겨 성공의 노하우를 얻는다고는 왜 생각하지 못하는가. 실패는 더욱 빛나는 결과를 얻도록 만들어주는 옵션일 뿐이다. 일론 머스크(Elon Musk)가 한 말이다.

"실패는 옵션이다. 실패하지 않는다면, 당신은 충분한 혁신을 이룰 수 없다."

　또한, 실패하고 나면 의욕이 꺾이기 마련이다. 의욕이 사라졌다고 금방 포기해버리면 성공에 이르지 못하는 것은 누구나 다 아는 사실이다. 실패했을 때 다시 시도하고 또다시 시도하기를 반복하는 자만이 성공에 이를 수 있다.

어린아이가 아장아장 걷는 모습은 보기만 해도 얼마나 사랑스러운가. 그 사랑스러운 모습을 연출하기까지는 대략 12개월의 시간이 걸린다. 그렇다고 해서 어느 날 갑자기 12개월이 되어 벌떡 일어나 걷는 것이 아니다. 그 긴 시간 동안, 아기는 걸을 수 있는 신체를 만들기 위해 끊임없이 노력한다. 가만히 누워서 그저 시간만 보내는 게 아니다. 목 가누기와 뒤집기를 수없이 반복한다. 그렇게 목을 가누고 뒤집기를 하여 두 손과 두 발에 힘이 붙고 나면, 이어 앉기와 바닥에서 기어 다니기 시작하고, 물건을 잡고 일어서기를 반복한다. 이 부단한 발달 과정을 통해 척추와 다리에 힘이 생긴 아기가 마침내 똑바로 서서 감격스러운 첫 발걸음을 떼는 것이다. 목 가누기와 뒤집기가 힘들다고 포기하는 아기는 없다. 또한, 발걸음을 떼고 제대로 걷기까지 거의 3천 번을 넘어지고 나서야 똑바로 서서 걷게 된다. 잘 생각해보라. 우리는 이미 이러한 성공을 경험한 사람들이다. 무려 3천 번의 실패를 극복하고 걷기에 성공한 DNA가 우리 안에 새겨져 있음을 기억하자.

필자는 운동선수 중에 세계적인 축구선수인 손흥민 선수를 매우 좋아한다. 손 선수가 월드클래스가 되기까지 얼마나 노력했을까? 그의 형인 손흥윤 씨가 들려준 일화를 읽어보면 잘 알 수 있다.

2022년 5월 8일 자 중앙일보에 실린 기사다.

"홍민이가 초등학교 3학년 때, 아버지가 조기 축구를 하시는 데 따라갔다가 쉬는 시간에 옆에서 공을 찼어요. 승부욕이 강한 저와 홍민이가 닌텐도 한 대를 두고 서로 하겠다고 티격태격하다가 아버지에게 게임기를 뺏겼죠. 홍민이와 둘이 3~4시간 리프팅(공을 떨어뜨리지 않고 차서 올리는 것)을 했어요. 2만 2,000개, 그 기억을 잊을 수 없어요. 실밥이 보일 정도로 직각으로 차야 했죠. 공이 돌면 안 돼요. 물체를 집중해서 보다 보니, 나중에는 평평한 땅이 울퉁불퉁하게 보였어요."

손흥민 선수의 슈팅 연습은 18세부터 했다고 한다. 온종일 왼발 500개, 오른발 500개씩 연습한 결과 득점왕이 되었는데, 이것이 손 선수 아버지의 훈련법이었다. 그의 아버지 손웅정 씨는 손 선수가 왼쪽 사이드에서 감아 때리는 슈팅에 성공하는 모습을 볼 때마다, 훈련의 중요성을 생각했다고 한다. 손 선수는 양발 모두 슈팅을 정확하게 성공시킬 수 있는 능력의 소유자이다. 어떤 일에 꿈이 있어 시작했으면 손 선수처럼 끈기 있게 반복해야 한다. 끈기가 곧 성공으로 이어지는 확실한 방법이다. 아마 손 선수는 데일 카네기((Dale Breckenridge Carnegie)가 한 말을 늘 염두에 두고 연습을 반복했을 것이다.

"실패에서부터 성공을 만들어내라.
좌절과 실패는 성공으로 가는 가장 확실한 디딤돌이다."

인터넷에서 떠도는 재미있는 유머가 있다. 어느 초등학교 국어 시험에 이런 문제가 나왔다고 한다.

> 결심한 마음이 사흘을 가지 못하고 곧 느슨하게 되어 흐지부지되는 것을 무엇이라고 할까요? 다음 □안에 들어갈 알맞은 글자를 쓰세요.
>
> **작□삼□**

물론 문제의 정답은 '심, 일'로, '작심삼일(作心三日)'이다. 그런데, 어느 초등학생이 이렇게 답을 적었다고 한다. '은, 촌', 즉 '작(은)삼(촌)'이다. 유머이긴 하지만, 이 초등학생의 작은삼촌만 결심한 마음이 사흘을 가지 못할까? 그렇지 않다. 어떤 일에 끈기를 갖고 끝까지 해내지 못하고, 작심삼일로 끝나고 마는 것은 대다수의 사람들에게서 발견되는 일반적인 현상이다. 이렇게 작심삼일이 보편적인 현상이 된 근본적인 이유는 인간 본성상, 기억력·나태함·호기심의 한계 시간이 3일이어서 그렇다는 것이다.

메가스터디 엠베스트의 김성오 대표는 인간의 이러한 본성을 활용하여 3일 계획과 3일 실천하기를 반복하여 자신의 목표를 이뤘다고 한다. 그는 『육일 약국 갑시다』의 저자로, 서울대 약대를 나와 10여 년 동안 마산에서 약국을 경영했고, 4.5평 가게에서 비즈니스의 모든 것을 배웠다고 한다. 영남 산업 대표이사를 거쳐,

2000년에 메가스터디를 창립하여 부사장을 역임했고, 2003년에는 엠베스트 교육으로 독립시켰으며, 2006년 11월에는 메가스터디와 합병한 후 현재는 메가스터디 중등부 엠베스트 대표로 있다.

'끈기' 하면 또 고1 시절, 자취할 때가 생각난다. 날씨가 점점 추워져 한겨울이 되었다. 연탄불을 더욱 신경 써서 꺼지지 않도록 미리 갈아야 했고, 부엌의 수도도 얼지 않도록 날마다 신경을 써야 했다. 어느 날, 한파가 시작된다고 하여 쌀 씻는 바가지를 수도꼭지 아래에 놓고, 물이 또옥 똑 떨어지도록 수도꼭지를 틀어놓고 잤다. 아침에 일어나 부엌에 나가보니, 바가지에 물이 가득 고이고도 넘쳐 흘러내리고 있었다. 바가지 중간 정도나 물이 찰 것으로 생각했었다. 이 광경을 목격하고 나도 모르게 '유레카'를 외쳤다. '그래 공부도 이렇게 하는 거야. 매일매일 조금씩 쉬지 않고 끈질기게 하면 돼. 공부한 결과가 금방 나타나지 않더라도 꾸준히 하다 보면, 언젠가는 목표에 도달하는 날이 분명히 올 거야' 생각했다. 지난날을 뒤돌아보면 '그 어린 나이에 어떻게 자취하면서 학교에 다녔을까?'라는 생각이 들기도 하지만, 그 당시에는 자취하는 학생들이 꽤 많았기 때문에 당연한 것으로 여겼다. 봄, 여름, 가을은 그래도 편하게 지낼 수 있는데, 겨울나기는 쉽지 않았다. 연탄불을 꺼뜨리지 않는 것이 중요했고, 수도가 얼지 않도록 하는 것이 중요했다. 자취생들은 이렇게 살림살이에 신경을 써야 겨울나기를 수월하게 할 수 있었다.

한자성어에도 수적천석(水滴穿石)이라는 말이 있다. 즉 '물방울이 바위를 뚫는다.'라는 뜻으로, 오랜 기간 물방울이 바위에 떨어지면 바위가 침식되고 화학작용이 일어나 구멍이 뚫린다는 것이다. 즉 이 말은 적은 노력도 오랜 시간 끈기 있게 거듭하면 큰일을 해낼 수 있음을 의미한다. 그렇다면 성공의 여부는 끈기에 달려 있다고 볼 수 있겠다.

누구나 시작은 하지만, 누구나 끝을 맺지는 못한다. 아무리 큰 꿈이라도 작은 행동부터 시작하여 끈질기게 노력하면 성공의 문 가까이 이르게 될 것이고, 마침내 성공의 문을 열고 들어가는 날이 오고야 말 것이다. 존. F 케네디(John Fitzgerald Kennedy)가 남긴 말이 있다.

"너는 왜 평범하게 노력하는가? 시시하게 살길 원치 않으면서."

> **적용** 내 인생이 평범하다고 느껴진다면, 평범함을 뛰어넘기 위해 해야 할 일은 무엇인가?

★ 07 ★
인생이란 피아노 연주

인생은 피아노와 같습니다. 당신이 그것을 어떻게 플레이하느냐에 따라
당신이 얻을 수 있는 것이 달라집니다.

– 알버트 아인슈타인(Albert Einstein)

2022년도 2월까지만 해도 직업이 교사였다. 그런데 지금은 은퇴했으니, 직업란에 무엇이라고 쓸까? 얼마 전, 보험 계약서 직업란에 작가라고 썼다. 개인 저서 3권, 공동저서 1권을 출간했고, 현재 네 번째 책 출간을 앞두고 있으니 당연히 작가다. 며칠 전에는 교회에서 한 독자를 만났다.

"안녕하세요? 작가님! 책 잘 읽었습니다."
"이름이 뭐죠? 어느 학교에서 만났더라?"
"작가님은 저 모르실 거예요. 오늘 작가님을 처음 뵈었으니까요. 작가님의 책을 읽고 알게 되어 인사드렸어요."
"아! 그랬군요. 제자인 줄 알았어요."
"네! 다음에 또 뵙겠습니다. 좋은 책 내주셔서 감사합니다."

환하게 웃으며 말을 건네는 모습이 어찌나 상냥하고 예쁘던지, 낯익은 얼굴처럼 느껴져 제자인 줄 알았다. 34년 동안 교직에 있었기에, 언제 어디서든 제자들을 만날 수 있다. 그래서 낯선 사람이 다가와 인사라도 하면, 제자일 것으로 먼저 생각하게 된다. 한 번은 학교에서 근무하고 있었을 때, 졸업한 제자들이 모교에 방문한 적이 있다. 어떤 선생님은 제자들을 잘 알아보며 이름을 부르는데, 나는 몰라보게 달라진 제자들의 얼굴을 알아보지 못해 무척이나 난처했던 적이 있다. 그 이후 재학생들에게 이렇게 지도했다.

"졸업 후 선생님들을 만나 뵈면, '어느 학교 몇 년도 졸업생 ○○○입니다.'라고 꼭 밝히면서 인사했으면 좋겠어요. 어떤 학생은 자신의 이름을 선생님이 알고 있는지를 테스트하듯 '선생님! 제가 누군지 아세요? 제가 공부도 잘하지 못하고, 조용히 학교생활을 해서 선생님은 제 이름을 잘 모르실 거예요.' 하면서도 선생님이 자신을 기억해내길 바라고 있는데, 제발 그러지 않았으면 해요. 선생님들은 인사발령으로 이 학교 저 학교로 이동하시기 때문에, 몇백 명 아니 몇천 명 되는 학생들을 다 기억해내질 못하니, 졸업 후 인사할 때는 자신이 누구라고 먼저 밝혔으면 해요. 어느 학교 몇 년도 졸업생이라고 말하기 번거로우면, 이름이라도 먼저 밝히면 좋겠어요."

이렇게 지도한 결과, 졸업 후 제자들을 만났을 때 가르친 대로 실천하는 학생들이 많아졌다. 교회에서 작가님이라고 불렀을 때, 분명 '제자구나!' 했다. 제자들이 먼저 알아보고 인사하는 경우가 많았고, 특별히 저서를 출간한 이후에는 작가님이라고 부르는 제자들이 종종 있었기 때문이다. 스티브 잡스(Steven Paul Jobs)가 말했다.

"인생에서 가장 후회되는 한 가지는, 하지 않았다는 사실입니다."

내가 책을 쓰지 않았다면, 퇴직한 지금 무엇을 하고 있을까? 무엇이라도 찾아서 하고 있겠지만, 그 무엇이라도 책 쓰기만큼 삶의 기쁨을 가져다주지는 못할 것이다. 백번을 생각해 봐도 책 쓰기를 잘했다. 작가가 되니, 만나는 사람들도 달라졌다. 교직에 있을 때는 주로 선생님들과 학생들, 그리고 학부모님들이 전부였다. 그런데 지금 작가가 되고 보니, 출판사 대표, 신문사 기자들, 예비 작가들과 독자들을 만나고 있다. 독자 중에는 대학교수, 목사, 교사, 기자, 학생들 등 직업도 다양하다. 이렇게 다양한 부류의 사람들과 이메일을 주고받고 핸드폰으로 문자를 주고받으며 통화하니, 교직에 있을 때와는 다른 설렘과 기대가 있다. 재직 중, 학부모님들을 대상으로 독서동아리를 운영하고 있을 때, 책을 꼭 쓰고 싶었다. 그 당시 학교 업무로 매일 바빠 엄두를 내지 못했다. 은퇴할 무렵이 되어서야 굳은 결심으로 매일 새벽에 일어나 쓰니, 3개월 만에 투고하게 되었다. 첫 개인 저서가 출간되고 이어 두 번째 세 번째 저서가 출간되니, 교직원들이 놀랐다. 책 한 권 쓰기도 힘든데 벌써 세 권이나 썼냐고 말이다.

누구든지 마음속에 다양한 꿈과 인생 계획이 있을 것이다. 앞으로 어떠한 꿈을 어떻게 실현하고, 어느 지역에서 어떤 부류의 사람들과 만나 어떤 내용의 대화를 나누며 살 것인지 계획하고 있을 것이다. 그런데 마음속에 있는 꿈을 누구나 성공으로 끌어내지는 못한다. 꿈을 성공으로 끌어내는 확실한 방법이 있다. 바로 자신감이다. 자신감이 있고 없음에 따라 성공의 여부가 달라진다.

초등학교 시절, 체육에 자신감이 부족했다. 특히 운동회 날이 싫었는데, 하늘에서 펄럭이는 만국기를 보면 하늘을 날 듯 기분이 좋아졌다가도, 금세 풀이 죽어 시무룩해지곤 했다. 왜냐하면, 만인이 보는 앞에서 달리기해야 했기 때문이다. 그 당시 언니나 동생들은 모두 육상 선수였는데, 나만 선수가 아니었다. 왜 그리도 달리기가 힘들었던지 도무지 이해할 수가 없었다. 몸이 날씬하여 가벼웠는데도, 달릴 때만은 무거웠다. 한 사람만 더 떼어놓으면 부상으로 주는 노트를 받을 수 있는데, 등수 안에 들기가 쉽지 않았다. 하루는 어머니께 여쭈어보았다.
"언니도 잘 달리고 동생들도 잘 달리는데, 왜 저만 못 달려요?"
뜻밖의 질문에 어머니는 내게 고백하셨다.
"사실은 내가 어렸을 때 달리기를 못했단다."

난 이 말씀을 듣고 속으로 불평했다. '어머니의 예쁜 얼굴이나 닮지, 하필이면 어머니가 못하는 달리기를 닮다니.'

지금 생각해보면 체육에 자신감이 부족했다. 초등학교 총동문 체육대회 때 기수별 달리기가 있었는데, 우리 기수에서 선수로 나가는 사람이 없어, 초등학교 시절 운동회 날을 떠올리며 용기를 내어 선수로 뛴 적이 있다. 그랬더니 "선옥아 너 잘 달리더라" 언니를 비롯하여 친구들이 여기저기서 칭찬하는 것이었다. 그래서 달리기를 못 하는 사람이 아니라는 것을 어른이 되어서야 알았다. 이때부터 달리기에 자신감이 생겨, 몇 년 전 아들이 심판을 보는 앞에서 딸, 며느리와 같이 학교 운동장에서 달리기 시합을 했고, 초등학교 총동문 체육대회가 있을 때마다 스스로 선수로 나가 뛰고 있다.

나폴레온 힐(Napoleon Hill)의 『놓치고 싶지 않은 나의 꿈 나의 인생』 1권에 자신감을 기르는 5가지 법칙을 소개하고 있다.

첫째, 나에게는 훌륭한 인생을 구축할 능력이 있다. 나는 '절대로 단념하지 않는다.'라고 마음속으로 다짐한다.

둘째, 무엇이든지 내가 마음속에서 강렬하게 소망하는 것은 언젠가는 반드시 실현될 것이라고 확신한다. 그래서 매일 30분씩 내가 이루고 싶다고 생각하는 모습을 마음속에 생생하게 그려 낸다.

셋째, 나는 자기암시의 위대한 힘을 믿고 있다. 그래서 매일 10

분간 정신을 통일하여 자신감을 기르기 위한 '자기암시'를 건다.

넷째, 나는 인생의 목표를 명확하게 종이에 쓴다. 다음은 한 걸음 한 걸음 자신감을 가지고 전진해 가는 일뿐이다.

다섯째, 나는 진리와 정의에 따라 행동하지 않고는 어떠한 성공도 결코 오래 지속되지 않는다는 사실을 알고 있다. 그래서 이기적인 목표는 세우지 않겠다. 성공은 다른 사람들과의 협력 때문에 이루어지는 것이다. 그러므로 나는 우선 남을 위해 봉사한다. 사랑을 몸에 익히고 증오와 시기, 이기심이나 짓궂은 마음을 버린다.

이 다섯 가지의 법칙으로 훈련을 통해 자신감을 기를 수 있다. 초등시절, 체력을 기르고 자신감을 가지고 달렸다면, 운동회 날이 기다려졌으리라. 안나 프로이트(Anna Freud)는 "나는 힘과 자신감을 찾아 항상 바깥으로 눈을 돌렸지만, 자신감은 내면에서 나온다. 자신감은 항상 그곳에 있다."라고 했다. 이 자신감이 어떤 일에서든 작용하여 성공으로 끌어낼 수 있게 만든다.

필자는 국어교사 경력이 있으니, 자신감으로 책을 쓰기 시작했다. 새벽에 일어나면 작가로서 성공한 미래의 모습을 상상하면서 하루를 시작했다. 상상한 대로 꿈은 이루어졌고, 꿈은 또 다른 꿈을 불러냈다. 지금 어떤 일에 꿈을 꾸고 있다면, 위 다섯 가지 법칙을 매일 실천하면서 도전해보길 바란다. 상상한 대로 꿈은 현실이 되는 것을 경험하게 될 것이다. 어떤 일을 할 수 있다고 생각하면

할 수 있게 된다. 다시 말하지만, 중요한 것은 자신이 할 수 있다는 것을 아는 자신감이다.

> **적용** 위 다섯 가지 법칙으로 자신감을 길러, 앞으로 꼭 이루고 싶은 것은 무엇인가?

3장
이별 · 사랑

01
'삶'을 가르치는 학교

> 세상은 하나의 학교이고, 그 안에 있는 사람은 모두 선생님이다.
> 그렇기에, 아침에 일어날 때 한 가지만 기억해라.
> 당신은 학교에 가는 것이라는 것을 말이다.
> – T. D. 제익스(T. D. Jakes)

오랜만에 산책길에 나섰다. 맑은 공기와 푸르른 가을 하늘, 지저귀는 새소리와 맑은 시냇물 소리, 금세 기분이 날아갈 듯 상쾌해져 두 팔 벌려 "야호" 소리가 절로 나온다. 이렇게 즐거운 산책길에 올랐는데, 산책로에 이리저리 바람에 나뒹구는 낙엽들이 내게 속삭였다. '너도 언젠가는 흙으로 돌아가게 돼. 오늘을 즐겁게 살아.' 그렇다. 나도 언젠가는 흙으로 돌아가게 된다. 아니 그 누구도 예외 없이, 흙에서 왔으니 흙으로 돌아간다. 그러니 지금 살아있는 이 시간이 얼마나 귀한 시간인가! 살아있기에 가족에게, 그리고 이웃에게 사랑할 수 있는 시간이 있으니, 얼마나 감사한가!

　며칠 전, 친구 어머니가 돌아가셨다는 소식을 듣고 장례식장으로 달려갔다. 친구들도 많이 와 있었다. 유가족들은 모두 슬픈 얼굴로 애써 울음을 참고 있었다. 친구들도 얼굴에 슬픔이 가득했다. 난 영정 사진 앞으로 가, 생전에 친정집에 자주 놀러 오셨던 분 앞에 섰다. 얼굴을 뵈니 눈물이 쏟아졌다. 양로원에 계실 때는 반갑게 손을 꼭 잡아주셨는데, 이제는 손을 내밀지 않으셨다. 양로원에서 팔다리를 주물러드렸을 때 "고마워, 고마워" 하시면서 좋아하셨는데, 이제는 "찾아와 고맙구나" 말씀하지 않으셨다. 영정 사진 속 친구 어머니를 뵈니, 양광모 시인의 시구가 떠올랐다.

"삶이란 우산을 펼쳤다 접었다 하는 일이요
죽음이란 우산이 더 이상 펼쳐지지 않는 일이다."

친구 어머니가 더 이상 우산을 펼쳤다 접었다 하실 수 없게 되었다. 동네 어르신들이 한 분 한 분 펼칠 수 없는 우산을 접고 계셨다. 영정 사진 속 친구 어머니가 내게 속삭이셨다. '살아계신 어머니께 잘해드려. 나야 힘든 일도 안 하고 편하게 살다 가지만, 너의 어머니는 고된 농사일을 너무나 많이 하셨어.' 우리 어머니를 생각하니, 더욱 뜨거운 눈물이 쏟아졌다. 그렇다. 우리 어머니는 일만 하며 사셨다. 9년 전, 어머니 팔순 때 올렸던 글을 다시 읽어보았다. 어머니의 고된 삶을 표현하고자 애썼으나, 적절한 단어가 떠오르지 않았다. 플로베르의 일물일어설(一物一語說)만 생각날 뿐이었다.

어머니! 우리 어머니!
80평생을 자식만을 위해 사신 어머니
"일이 좋다" 하시며 일만 하신 어머니
큰어머니 계신데도 열두 제사 다 지내며
맏며느리로 살아오신 어머니

어머니가 계시기에 힘내며 살아왔습니다.
어머니가 계시기에 늘 감사하며 살아왔습니다.
어머니가 우리 어머니이기에 행복했습니다.

이제는 그 잡았던 고삐 놓으시고, 시원한 그늘에서 쉬시기 바랍니다.

한평생 쉴새 없이 달려오셨기에, 이제는 단풍 구경 가시기 바랍니다.
잘 키우신 5남매 생각하시며, 이제는 건강만 챙기시기 바랍니다.

어머니! 지금 살아계셔서 감사합니다.
저희 5남매를 잘 키워주셔서 감사합니다.
'성실'을 가훈으로 정해, 잘 가르쳐주셔서 감사합니다.

어머니의 그 큰 사랑, 잊지 않고 살아가겠습니다.
어머니의 그 큰 희생, 평생 가슴에 간직하며 살아가겠습니다.
우리 어머니! 진심으로 존경합니다. 그리고 사랑합니다.

    어머니는 한평생 오로지 자식들을 위해 밭에 콩을 심고, 참깨와 들깨를 심으셨다. 그런데 지금은 아무 일도 하지 못하시니, 그 진한 들기름 향과 그 고소한 참기름 향을 더는 맡을 수 없다. 마트에서 구매한 들기름과 참기름에서는, 어머니가 주신 그 진하고 고소한 맛과 향을 전혀 느낄 수가 없다.
    이번 주 금요일에는 어머니를 모시고 미용실과 온천에 다녀올 계획이다. 어머니는 이런 말씀을 자주 하신다. "난 목이 길어서 머리가 짧으면 보기 싫어. 이렇게 아픈 데가 없으니, 이만하면 오래 사는 거야. 그 시간에 너 하고 싶은 일 해라. 너도 쉬어야지." 시간을 내어 어머니를 찾아 뵈어도, 계획한 대로 모두 실행하지 못하고 오니, 늘 부족한 마음이고 죄송한 마음이다. 소크라테스

(Socrates)가 이렇게 말했다.

"네 자식들이 해주기를 바라는 것과 똑같이 네 부모에게 행동하라."

문상 가서 유가족을 만나고 친구들을 만나면서 많은 것들을 배우고 왔다. 장례식장은 어떻게 살아야 후회 없는 삶을 살 수 있는지, '삶'을 가르치는 학교였다. 유가족이 스승이었고, 유가족의 친지들이 스승이었으며, 문상 온 친구들이 스승이었다. 영정 사진 속 친구 어머니도 스승이었다. 장례식장은 스승이 가득한 학교였다. 이렇게 우리는 세상에 태어나 세상이라는 학교에 입학하여, 날마다 여러 스승을 만나면서 삶을 공부한다.

이 세상에서 공부하는 여러 과목 중, 가장 중요한 과목을 내게 꼽으라 한다면 '사별' 과목을 꼽겠다. 이 과목은 여타의 과목까지 가르쳐 주기 때문이다. 서로 도우며 열심히 살아가게 하고, 진정 효가 무엇인지 깨닫게 하여 효도하게 만드는 과목이다. 낯선 이로부터 건네받은 작은 친절도 감사하게 하고, 다른 이에게 친절을 베풀며 살도록 만든다. 이렇게 다른 과목들까지 철저히 공부시킨다. 그러므로 사별 과목은 다른 여러 과목을 포괄하는 상위 개념의 과목이다. 사별 과목을 제대로 공부한다면, 사랑, 우정, 만남, 효 등의 과목은 저절로 이수가 되는 셈이다.

누구에게나 삶은 단 한 번뿐이다. 그 한 번뿐인 삶에 온갖 시련을 겪으며 여러 사람 몫을 해내며 살아가는 사람은 있어도, 두 번 사는 사람은 없다. 그러기에 더욱 값지고 고귀한 것이 '삶'이다. 그러니, 무엇이라도 배울 수 있는 오늘이 있음에 감사하자. 어제보다 나은 오늘을 살 수 있음에 감사하자. 지금 살아있기에 사랑할 수 있음에 감사하자. 오늘, 이렇게 살아있을 때, 어둠을 밝히는 촛불이 되어 가족과 이웃을 위해 봉사하면서 살아가자. 더 나아가 이 나라를 위해 작은 것 하나라도 실천하며 뜨겁게 살아보자. 러시아의 가장 위대한 시인 푸시킨이 그의 시에서 이렇게 읊조렸다.

"삶이 그대를 속일지라도
슬퍼하거나 노하지 말라.
우울한 날들을 견디며 믿으라.
기쁨의 날이 오리니"

요즈음 우울한 날들을 보내고 있다면, 견디어내자. 조용히, 치열하게, 더욱 뜨겁게 자기만의 삶의 방식으로, 어떻게든 삶의 의미를 찾으며 살아가려고 애쓰는 이들이 있다는 것을 잊지 말자.

| 적용 | 자식들이 내게 해주기를 바라는 것을 오늘 살아계신 부모님께 해드리자. |

02
끝없는 이별 수업

만나고, 알고, 사랑하고, 이별하는 것이 모든 인간의 공통된 슬픈 이야기다.
-새뮤얼 테일러 콜리지(Samuel Taylor Coleridge)

    신축년 음력 5월 5일, 서울에서 한 여자아이가 태어났다. 오른쪽 팔을 번쩍 들고 세상에 나왔다. 그 여자아이가 바로 '나'다. 음력 5월 5일은 단오(端午)로 1년 중 양기가 가장 왕성한 날이라 하여, 옛날에는 우리나라에서 명절로 지냈다. 이렇게 초여름에 태어나 다음 해 2월, 부모님 따라 충청도로 내려왔다. 작은어머니가 돌아가셨다는 부고를 받고 부모님이 부랴부랴 내려오신 것이다. 내가 태어난 지 9개월 만이다. 아직 아기이므로 작은어머니가 돌아가신 슬픔을 알지는 못하지만, 엄마 등에 업혀 나도 따라 울었으리라. 작은어머니가 출산 직후 돌아가셨으므로, 엄마 얼굴을 한 번도 보지 못한 사촌 남동생은 목이 쉬도록 울었으리라.
    어머니는 쌍둥이 아닌 쌍둥이에게 젖을 물리기 시작했다. 보리밥도 양껏 드시지 못하고, 코피가 뚝뚝 떨어지도록 두 아이에게 젖을 물리셨다. 이 말씀을 들을 때마다 "저라도 일찍 젖을 떼

그러셨어요?" 하면, "그렇게 되지 않더라." 하셨다. 부모님이 서울로 되돌아가지 못하고, 이곳 시골에 머물러 이렇게 힘든 삶이 시작되었다. 내가 세상에 태어나, 죽음으로 인한 첫 이별 수업을 받은 것은 이렇게 작은어머니가 돌아가셨을 때다.

  그 후 성장하여 초등학교에 입학하고, 중학교에 입학 후 2학년 때, 증조할아버지께서 돌아가셨다. 온 동네 사람들이 모여 아침, 점심, 저녁 세 끼 식사를 5일 동안 함께했다. 우리 어머니는 가마솥에 밥을 지어 허리가 휘도록 밥을 푸셨다. 자손들이 곡할 때마다 난 슬픔을 깊이 느끼지는 못했지만, 삶과 죽음에 대해 생각하게 되었다. 증조할아버지는 몇 년 동안 중풍으로 고생하시다가 88세가 되어 돌아가셨는데, 증조할아버지만 고생하신 것이 아니다. 장남이신 우리 할아버지, 둘째 작은할아버지, 셋째 작은할아버지 그리고 우리 아버지와 어머니, 모두에게 참으로 견디기 힘든 시간이었다. 증조할아버지께서 눕고 일어나기를 못해서서 당번을 정해 밤새워 눕히고 일으키셨다. 우리 어머니는 손자며느리인데도, 1주일에 한 번은 꼭 가서 하룻밤을 새우고 오셨다.

  그 후 10여 년이 지나서부터일까? 어르신들이 돌아가시기 시작했다. 둘째 작은할아버지, 셋째 작은할아버지께서 돌아가시고, 장남이셨던 우리 할아버지께서도 돌아가셨다. 그리고 우리 할머니, 셋째 작은할머니께서 돌아가셨다. 그런데 둘째 작은할머니는 지금도 살아계셔서 올해 101세이다. 그리고 큰고모와 고모부가 돌아가시고, 막내 작은아버지, 큰아버지, 큰어머니가 돌아가셨으며, 막내 고모부도 돌아가셨다. 우리 아버지도 돌아가셨다. 이 세상을 떠나는 것은 태어난 순서가 아니었다.

어머니 또한 언젠가는 우리 곁을 떠나실 분이다. 어머니는 10여 년 전, 교통사고를 당하여 뇌 CT 검사를 받았다. 그 당시 이상이 없다고 하여 발목 수술만 받고 입원해있다가 퇴원하셨는데, 얼마 후 교통사고 후유증이 시나브로 치매로 나타나, 하신 말씀 또 하시기를 반복한다. 주로 하시는 말씀은 "오늘이 무슨 요일이냐?", "애들 먹을 밥은 있냐?"다. 자식과 손자들이 먹을 밥걱정을 지금도 하신다.

SNS에 올라온 이야기가 있다. 요양원에 계신 치매 노인들이 날마다 집에 가야 한다며, 짐을 싼다는 것이다. 집이 그리워서가 아니고, 남편과 자식들이 먹을 밥을 해야 한다는 것이다. 그분들이 몇 십 년 동안 끼니때마다 밥을 지어 남편과 자식들에게 먹이셨기에, 요양원에 들어왔는데도 밥걱정을 하신다는 것이다. 이렇게 가슴 저미고 먹먹해지는 사연들이 이 외에도 넘쳐난다.

A씨는 요양원이 아닌 집에서 어머니를 모시고 있는데, 어머니가 벽에다 똥칠하여 락스로 닦고 또 닦아도 냄새가 가시지 않는다는 것이다. 그래서 날마다 목욕을 시키느라 힘들어한다는 말을 전해 들었다. B씨는 어머니가 밖에 나가 돌아다녀서 자식들이 찾아 헤매야 하니, 불가피하게 자물쇠로 방문을 잠가 놓을 때도 있다고

한다. C씨는 어머니가 이불 속에 음식을 넣어두거나, 장롱 속에 감춰두어, 부패한 음식물로 골머리가 썩는다는 것이다. D씨의 어머니는 켜놓은 전기스탠드에 불났다며, 요강에 있는 오줌을 쏟아 붓는다는 것이다.

이런 치매 부모님을 모시고 사는 자식은 얼마나 힘이 들까? 우리 어머니는 같은 말을 반복해 되물을 뿐이니, 예쁜 치매다. 이런 내 사정을 아는 친구는, 어머니가 같은 질문을 계속하시니 답변을 녹음해서 물으실 때마다 버튼만 눌러 들려드리라고 한다. 어머니의 같은 질문에 때로는 몸과 마음이 지쳐 녹초가 되기도 하지만, 어떤 경우에도 어머니 앞에서 지친 모습을 보이지 않으려 애쓰고 있다. 그래서일까? 어머니께서는 "너 안 낳았으면 어쩔 뻔했냐?" 말씀하시곤 한다. 그럴 때마다 언제일지 모르는 이별의 시간을 생각하며, 최선을 다해 어머니를 사랑으로 모셔야지 하는 마음을 먹게 된다.

죽음으로 인한 이별의 슬픔과 고통을 줄이는 방법은 없을까? 친지나 친구가 상을 당했을 때 부조금만 보내지 말고, 조문 가는 것이다. 상가에 가서 역지사지(易地思之)로 상주가 되어 미리 경험해보는 것이다. 동창들 부모님이 한두 분씩 돌아가시기 시작했는데, 어느 때는 한날에 두 분이 돌아가시기도 했다. 이렇게 조문 다녀오면 부모님을 더욱 자주 찾아뵙게 되고, 한 번 더 안아드리게 된다. 부모님을 보살펴드리고 집에 오면, 더 잘해드리지 못한 것이 후회

돼 다음 날에 또 달려가곤 한다. 어머니가 주간보호센터에 가셨다가 돌아오시면, 어머니 두 손을 꼭 잡고 난 뒷걸음으로 집에 들어간다. 이럴 때 어머니가 꼭 하시는 말씀이 있다. "네가 와서 좋다."

나 또한 어머니 따라 늙어가고 있으니, 이 세상 떠날 준비를 하고 있다. 며칠 전에는 내가 떠난 후에 자식들이 꼭 확인해야 할 주요 서류들을 모아 정리해 놓았다. 오래되어 입을까 말까 망설여지는 옷들도 미련 없이 버려, 옷장 정리도 깔끔하게 해놓았다. 쓰레기는 매일 운동하러 나갈 때 습관적으로 가지고 나가 버리고 있으며, 음식 재료는 필요한 만큼만 사서 먹고 있다. 로마의 철학자 키케로가 말하길 "지혜로운 사람은 삶 전체가 죽음에 대한 준비다."라고 했는데, 요즈음 내가 그렇게 살고 있다.

교직에 있었을 때, 교내행사에서 사회를 보던 한 학생이 전교생 앞에서 질문 하나를 던졌다. "우리 주변에 가장 가까이 있는 것은 무엇입니까?" 이 질문에 학생들의 대답이 여기저기서 쏟아졌다. "가족이요", "친구요", "풀이요", "나무요"……. 그런데 그 질문의 답은 '죽음'이었다. 사회자는 '삶과 죽음'에 대해 말하려고 했던 것이다. 자신이 언제 죽을지 아는 사람은 아무도 없다. 그러나 그 날과 그 시간은 우리 모두에게 반드시 다가온다. 이 땅에서 영원히 사는 사람은 한 사람도 없기 때문이다.

만나서 서로 알아가고, 알아가면서 서로 사랑하고, 사랑하면서 이별을 준비하고, 원하든 원하지 않든 끝내는 헤어지게 되는 것이 인생사다. 이렇게 만남 후에는 결국 이별로, 어떤 이에게는 삶을 이어가기에도 벅찰 만큼 큰 상처요, 아픔으로 남게 된다. 서로 떨어져 있더라도 살아있으면 다시 만날 수 있지만, 죽음으로 인한 이별은 큰 고통이 아닐 수 없다.

톨스토이는 "삶을 깊이 이해하면 할수록 죽음으로 인한 슬픔은 그만큼 줄어들 것이다."라고 했다. 사랑하는 사람을 잃었을 때, 깊은 슬픔에 빠져 행복하게 살 권리를 빼앗기지 말아야 한다. 오히려 가신 분은 죽음으로 인해 평안을 찾아 편하게 쉬고 있다고 생각하면 좋겠다. 나 또한 아버지 잃은 슬픔을 그렇게 생각하며, 신앙의 힘으로 극복해내고 있다.

우리 인생에서 남은 날들은 생각보다 길지 않다. 누구나 죽음에 직면했을 때는, 살아있었던 날들이 끝없이 아름답게 느껴지리라.

> **적용** 이별로 인한 큰 상처와 아픔을 어떻게 극복했는가? 만약 오늘이 내 삶의 마지막 날이라면, 누구에게 고맙다고 말하겠는가?

03
못다 한 사랑 어머니께

내 자식들이 해주기 바라는 것과 똑같이 네 부모에게 행하라.
- 소크라테스(Socrates)

아버지께서 갑자기 세상을 떠나시니, 자녀들은 비상이 걸렸다. 우선 가까이 사는 3남매가 당번을 정해 어머니와 같이 자면서 식사와 약을 챙겨드렸다. 그런데 아무리 잘해드려도 아버지의 빈자리를 채우기에는 역부족이었다. 약 60여 년간 아버지와 동고동락한 어머니는 아버지 베개를 늘 옆에 두고 주무셨다.

그렇게 3개월 즈음 지났을 때, 남동생네 다섯 식구가 어머니 집으로 들어와 살게 되었다. 어머니로서는 늦복이 터진 일이었다. 손자 세 명이 모두 피아노도 잘 치고, 장기와 바둑을 두며 책 읽는 모습을 날마다 보이니, 어머니 얼굴에는 날마다 웃음꽃이 피었다. 집 안에서는 어린 손자들의 웃음소리와 노랫소리로 가득 차니, 어머니는 마냥 행복해하셨다.

그런데 무엇이 어머니의 이 행복한 삶을 시기했을까? 작년 2월에 아쉽게도 남동생이 다른 지역으로 인사발령이 난 것이다. 새

학기가 시작되는 3월부터 언니와 번갈아 주중에 어머니를 돌봐드리고, 주말에는 남동생이 와서 돌봐드리고 있다.

시간이 지날수록 좋아지는 게 아니라, 나빠지는 게 치매였다. 독일 속담에 "한 아버지가 열 아들을 기를 수 있으나, 열 아들은 한 아버지를 봉양키 어렵다."고 했는데, 맞는 말이었다. 가장 힘든 것은 할머니가 큰아들만 챙기고, 둘째인 아버지를 차별한 것에 대한 서운함과 억울함으로, 지금도 괴로워하시는 것을 옆에서 지켜보는 일이었다. 잊으시면 좋을 텐데, 옛일은 또렷이 기억하고 계셨다. 이렇게 어머니 가슴에는 큰 아픔이 있었고, 어머니가 아버지를 많이 그리워한다는 증거이기도 했다. 한여름, 어머니를 간신히 설득하여 샤워시키고, 땀을 닦을 새도 없이 주간보호센터 차가 오면 모시고 나간다. 센터 차를 같이 타고 다니시는 분이 종종 이렇게 말씀하신다. "정말 욕보네. 자네들처럼 이렇게 잘하는 자식들을 못 봤네. 어머니는 복도 많아."

어머니는 언변으로 웃음을 주시기도 한다. 한번은 "오늘 마트에 가는데, 뭐 사다가 드릴까요?" 했더니, 사람고기만 빼고 다 사오라고 하셨다. 깜짝 놀랐다. 어머니가 이렇게 위트가 넘치는 분인 줄 몰랐다. 순간 말고기가 생각났다. 배고파 죽겠다는 영어 표현에 I'm starving to death.가 있는데, 너무 배고플 때는 I'm so hungry, I could eat a horse.를 쓰기도 한다. 너무 배고프면 자신이 타고 다니는 말까지 잡아먹고 싶을 정도라니, 얼마나 배고픈지를 알 수 있는 표현이다. 막상 어머니께 이것저것 사다가 해드려도 잘 드시지는 못한다. 그렇게 농담을 잘하시니, 센터에 계신 분들이 어머니가 말씀을 잘하셔서 재미있다고 하셨구나 싶었다. 어머니는 센터에서 재치부문으로 상장을 받기도 했다. "위 어르신은 평소 언변이 탁월하시고, 밝은 분위기 조성으로 즐거움을 주어 감사함에 이 상장을 드립니다."라고.

어머니는 노래도 잘하신다. 옛날에 할아버지께서 며느리들을 다 모이게 하여 노래를 시키셨는데, 어머니가 1등을 했다고 한다. 그 노래 실력으로 센터에서도 자주 노래하시는데, 음정과 박자가 정확하고 음색도 고와 노래를 잘하신다는 것이다. 한번은 미용실에 모시고 가려고 센터에 들렀는데, 어머니가 〈여자의 일생〉을 부르고 계셨다. 어찌나 슬프던지 하마터면 울음을 터뜨릴 뻔했다. 노래 가사도 슬프거니와 어머니 음색에 한이 서려 있었기 때문이다. 며칠 전에는 센터 차가 오려면 약 30분이나 기다려야 했다. 이 시간을 어떻게 활용할까 하다가 노래 한 곡 해보시라고 요청을 드렸다. 평소에 늘 즐겨 부르시는 노래가 〈흙에 살리라〉와 〈여자의 일생〉인데, 이날은 〈청춘을 돌려다오〉를 부르고 싶다는 것이다. 그래서 유튜브에 올라온 나훈아 가수의 노래를 켰다. 전주곡이 나오니 손뼉을 치기 시작했고, 이어 따라 부르기 시작했다. 나도 손뼉을 치면서 따라 불렀다. "청춘을 돌려다오. 젊음을 다오. ······

가는 세월 잡을 수는 없지 않느냐. 청춘아 내 청춘아 어딜 갔느냐." 어머니가 노래를 힘차게 시작했는데, 점점 얼굴빛이 흐려지고 있었다. 심상치 않은 가사로 점점 긴장되었다. 염려한 대로 슬퍼서 노래를 못 부르겠다고 하셨다. 재빠르게 정동원의 〈흙에 살리라〉를 들려드리면서 간신히 고비를 넘겼다.

오늘도 센터 차가 오려면 50분이나 기다려야 해서 드라이브 가자고 말씀드렸더니, "OK" 하면서 마냥 좋아하셨다. 이윽고 출발, 길가에 흐드러지게 핀 배롱나무꽃을 보시면서 "저 꽃 좀 봐라. 꽃은 찡그린 얼굴도 펴게 만들어. 밥은 굶어도 꽃은 보라고 했어." 하셨다. 푸른 가을 하늘, 누렇게 익어가는 벼를 보면서 환호성을 지르셨다. 그러더니 〈청춘을 돌려다오〉를 부르기 시작했다. 이제는 가사까지 바꿔 부르셨다. "청춘을 돌려다오. 젊음을 다오. 아

〈배롱나무꽃〉

〈서해 바다〉

들 둘, 딸 셋 남겨놓고 먼저 갔네. 나를 남겨놓고 하늘나라로 가더니 오지 않네."라고. 어머니 노래가 반은 울음이었다. 이제 노래는 그만하자고 했더니, 살아있으니 노래 부른다고 하셨다. 그렇게 노래하면서 인근 바다까지 갔다가 돌아왔다. 2024년 9월 6일(금), 이날은 아버지에 대한 그리움이 밀물처럼 밀려온 날이다.

우렁이 빈껍데기가 물길 따라 둥둥 떠내려가는 모습을 본 적 있다. 새끼 우렁이들은 어미의 살을 파먹으며 크는데, 어미 우렁이는 한 점 살도 남김없이 새끼들에게 다 주어서 빈껍데기만 남아 그렇다는 것이다. 우리 어머니가 등이 굽는 줄도 모르고, 자식들을 위해 일에 파묻혀 사셨다. 그리고 지금은 빈껍데기 우렁이가 되셨다.

'어버이'하면 효, '효' 하면 고사성어 '풍수지탄(風樹之嘆)'이 생각난다. 풍수지탄은 주나라 사람 고어가 한 말에서 생겨났는데, 어느 날 공자가 제자들과 함께 길을 가던 중, 슬프게 울고 있는 고어를 만나게 되었다. 우는 까닭을 물으니,

"저는 세 가지 한이 있습니다. 첫째는 학문을 좋아하여 집을 떠났다가 고향에 돌아와 보니 부모님이 이미 세상을 떠나신 것이요, 둘째는 섬기고 있던 군주가 사치를 좋아하고 충언을 듣지 않으니, 저를 받아줄 군주를 만나지 못한 것이요, 셋째는 벗과 부득이한 사정으로 교제를 끊은 것입니다."
고어는 말을 계속 이어나갔다.

"樹欲靜而風不止 子欲養而親不待 (수욕정이풍부지 자욕양이친부대)

往而不可追者年也 去而不見者親也 (왕이불가추자년야 거이불견자친야)

나무가 고요하고자 하나 바람이 그치지 않고, 자식이 봉양하고자 하나 어버이가 기다려주지 않네. 한번 흘러가면 쫓아갈 수 없는 것이 세월이요, 가시면 다시 뵐 수 없는 것이 부모님이네."

이 말을 남기고 나무에 기댄 채 죽었다고 한다. 이 말에서 유래된 '풍수지탄'은 효를 다하지 못한 채 어버이를 여읜 슬픔을 뜻하는 대표적인 말이 되었다.

조선 후기 '효'를 노래한 대표적인 시조도 있는데, 노계 박인로의 〈조홍시가〉 4수 중 그 하나다.

"반중 조홍감이 고와도 보이나다.
유자가 아니라도 품엄즉도 하다마는
품어가 반길이 업슬세 글로 설워하나이다."

여기에서 '유자'는 중국 삼국시대 오나라의 여섯 살 된 '육적'이 친구인 원술의 집에 갔다가 먹으라고 내놓은 과일을 말하며, 어머니께 갖다 드리고 싶어 몰래 가슴에 품었다고 한다. 어린 나이인데 어머니를 생각하는 마음이 지극했음을 알 수 있으며, 이 시의 지은이는 조홍감을 보자 육적이 생각났으며, 이미 돌아가신 어머니를 생각하기에 이른 것이다.

어머니를 보살펴드리면서 아버지에 대한 그리움이 점점 더 깊어간다. '풍수지탄'을 떠올리며 아버지께 못다 한 사랑을 어머니께 드리려고 애쓰면 애쓸수록 아버지가 더욱 그리워진다. 훗날, 어머니께 더 해드리지 못한 것을 후회할 것을 알기에, 오늘도 마지막 효도를 위해 최선을 다하고 있다. 장자는 "부모를 공경하는 효행은 쉬우나, 부모를 사랑하는 효행은 어렵다."라고 했다. 어머니를 모셔보니, 사랑으로 섬길 때 모실 힘도 생긴다는 것을 알았다. 사랑은 그 모든 어려움을 극복하게 하고, 슬픔도 덜어주는 신비한 힘을 지녔다는 것을 알게 되었다.

> **적용** 부모님께 꼭 해드리고 싶은 것은 무엇인가? 이미 돌아가셨다면 해드리지 못해 후회하는 것은 무엇인가?

04
사랑의 깊이를 알게 되다

인간의 감정은 누군가를 만날 때와 헤어질 때, 가장 순수하며 가장 빛난다.
장 폴 리히터(Jean Paul Richter)

　학급회장이 조회시간에 교무실에 있는 나를 불렀다. 영문도 모르고 교실로 따라 들어가니, '스승의 은혜'를 부르기 시작했다. "스승의 은혜는 하늘 같아서 우러러 볼수록 높아만 지네……." 출근하면서 중1 복도를 지나는데, '스승의 은혜'를 부르길래 '학년 말이니까 담임선생님께 감사하는 마음을 전하나 보다.' 했었다. 그런데, 그것은 나를 위한 노래 연습이었다. 필자의 은퇴 소식을 듣고 송별회를 준비한 것이다. 예쁜 케이크도 준비되어 있었다. 서로 약속했는지, 한 학생이 환하게 교실을 밝히고 있던 전등을 모두 끄자, 회장이 케이크에 작고 알록달록한 초를 꽂고, 이어 떨리는 손끝으로 촛불을 붙였다. 정적이 흐르며 환하게 타오르는 촛불에 비쳐, 어린 학생들의 눈망울이 반짝거렸다. 어느 여학생은 눈에 눈물이 그렁그렁해 눈망울이 더욱 반짝거렸다. 이렇게 예쁜

제자들 앞에서 짤막하게 작별인사를 전했다.

"오늘, 송별회를 준비해 준 여러분! 진심으로 고맙습니다. 중학교 1학년이 이렇게 준비할 줄은 몰랐어요. 그동안 수업에 열심히 참여하고, 자신의 꿈을 향해 열심히 달려가는 모습, 매우 보기 좋았고 흐뭇했어요. 무엇보다 독서를 많이 하길 바랍니다. 빌게이츠가 말하길 '오늘의 나를 있게 한 것은 우리 마을의 도서관이었다. 하버드 졸업장보다도 소중한 것이 독서하는 습관이다.'라고 했어요. 독서는 집안을 일으키는 힘입니다. 꾸준히 책을 읽어 성공하는 모습 꼭 보여 주세요. 그리고 책도 쓰고요. 앞으로 자신의 꿈을 이루기 위해 하루하루 최선을 다하는 여러분이 되었으면 합니다. 감사합니다."

내가 촛불을 "후~"하고 단번에 끄니, "와아" 하는 함성과 함께 힘차게 박수를 쳤다. 인사하고 나오려는데, 여학생들이 달려와 내게 손편지를 건넸다. 요즘은 대부분 문자나 카톡으로 감사 인사를 전하는데, 펜으로 써 내려간 뜻밖의 편지를 오랜만에 받으니, 감동이 밀려왔다. 교무실로 돌아와 자리에 앉자마자, 정성스럽게 써 내려간 편지를 펼쳐보았다.

김선옥 선생님께!

선생님! 저 중학교 1학년 정은아예요.

이번에 퇴임하신다고 들었어요. 축하드려요.

지난 1년 동안, 저희에게 언제나 관심을 두시고 잘 가르쳐주셔서 진심으로 감사드립니다. 또한 '자신의 마음가짐을 가꾸는 것이 인생을 가꾸는 것임'을 깨닫도록 지도해주셔서 감사합니다. 선생님의 그 가르침, 잊지 않고 실천하겠습니다.

선생님께서 퇴임하시면 이제 선생님을 뵙기 힘들겠어요. 1년밖에 못 뵈었는데 매우 아쉽습니다. 특히 코로나 19로 인해 선생님 얼굴을 자주 뵙지 못했는데, 만날 때마다 언제나 저희에게 잘해주시고 항상 사랑을 베풀어주셔서 감사드립니다. 선생님의 그 사랑을 꼭 기억할게요. 선생님께서도 저희를 잊지 않으셨으면 해요.

선생님이 쓰신 책 잘 읽었습니다. 앞으로 출간하실 책도 독자들에게 선한 영향력을 끼치는 책이 되길 간절히 바랍니다. 언제나 건강하시고 행복한 일만 가득하시기를 기도할게요. 다시 한번 퇴임 축하드리고, 감사드리며 사랑합니다.

2022년 1월 7일
제자 정은아 올림

김선옥 선생님께!

선생님! 저 해원이에요. 선생님께서 은퇴하신다는 말을 듣고, 얼마나 슬펐는지 몰라요. 이제부터 선생님께서 학교에 안 계신다고 상상만 해도 마음이 허전해요. 항상 저희를 위해 해주신 조언을 잊지 않겠습니다. 비록 1년이란 짧은 시간 동안 선생님을 뵈었지만, 선생님으로부터 많은 것을 배웠습니다. 특별히 꿈, 독서, 책 쓰기에 관해 저희에게 가르쳐 주셔서 감사합니다. 그리고 저희 1학년을 여러 면에서 더욱 성장시켜

주셔서 감사합니다.

　선생님께서 책을 열심히 읽으라고 하셔서 요즘 책을 많이 읽고 있습니다. 저희가 어른이 되어도 선생님을 뵙고 싶습니다. 매년 스승의 날에 메시지도 보내드리겠습니다. 선생님께서 교직 생활 중, 학생들을 위해 많은 일을 하셨겠지만, 저희는 극히 일부만 알고 있습니다. 그 긴 교직 생활 중 마무리하실 때에 저희와 함께하셔서 기뻐요. 선생님께서 저희를 잊지 않으셨으면 합니다. 정말 말 안 듣는 중1이었지만, 잘 가르쳐주셔서 감사합니다. 앞으로 어른이 되면서 더욱 성숙해지겠죠?

　선생님과 야외 수업했던 날이 떠오르네요. 선생님께서 '그때 그랬었지!'라고 생각할 날이 올 것이라고 하셨어요. 그날, 류시화 시인의 '그대가 곁에 있어도 나는 그대가 그립다.' 시를 낭송해주셨을 때 느꼈던 감정을 잊지 못해요. 또 선생님께서 꿈 발표대회를 계획하셔서, 저희가 발표 준비하고 대회에 나갔을 때도 생각납니다. 대회를 준비하고 발표하는 과정에서, 제가 성장하는 데 큰 도움이 되었습니다. 감사합니다.

　저희는 감히 헤아릴 수도 없는 34년이란 긴 교직 세월 동안, 늘 학생들 곁을 지켜주셔서 감사합니다. 그간 정말 수고 많으셨어요. 선생님은 이제 은퇴하시지만, 저희에게는 영원히 최고의 선생님이며 작가님이십니다. 저희 모두 꿈을 이루는 그 순간에 선생님이 떠오를 거예요. 사랑합니다. 선생님 감사합니다. 수고 많으셨습니다. 작가님 행복하세요.

2022년 1월 7일
제자 김해원 올림

　김선옥 선생님께
　선생님 안녕하세요? 저 김민서입니다.

　선생님께 감사한 것들이 너무 많아 이렇게 편지 씁니다. 분명 선생님이 저를 처음 보셨을 때는 초등학교 갓 졸업한 아이였는데, 저 벌써 중학교 졸업했습니다.

제 장래희망을 다시 찾게 해주셔서 진심으로 감사드립니다. 사실 음악 교사라는 꿈은 1학년 때 꾸게 되었는데, 제가 노래를 너무 못하는 음치여서 접었었어요. 그런데 3학년이 되어 선생님의 책 『당신의 삶도 이미 베스트셀러이다』 중, "당신은 5년 뒤에 무엇을 하고 있을지 상상해보세요"라는 문장을 읽고 '난 일러스트레이터가 되어 있을까?'라고 생각했는데, 가슴이 뛰지 않았어요. 그런데 '음악 교사'가 되어 있으면 어떨지 생각해보니까, 선생님이 작가라는 단어에 가슴이 뛰었다고 하셨듯이 저도 가슴이 뛰었어요. 나중에 음악 교사가 되었을 때, 무엇을 하고 있을지 상상이 됐어요. 선생님의 책을 읽고 다시 음악 교사의 꿈을 꾸게 되었고, 학교에서 '나의 꿈 발표대회'에서 최우수상을 받은 것도 모두 선생님 덕분입니다. 그리고 8월에 제 롤모델이신 김성근 음악 선생님과 통화할 수 있도록 해주셔서 감사했습니다. 물론 작가의 길로는 김선옥 선생님이 롤모델이시구요.

사실 저 1학년 때 음악 선생님 은퇴하시는 날, 퇴임 축하드리고 감사하다는 말씀도 못 드려서 후회하고 있었는데, 선생님이 전화로 연결해주셔서 얼마나 기뻤는지 몰라요. 선생님이 그렇게 해주시지 않았다면, 아직도 후회하고 있을 거예요. 선생님도 이번에 은퇴하신다고 들어서 이번엔 절대 후회하지 않도록 감사 인사 꼭 전해드리기 위해 이렇게 편지를 쓰고 있습니다. 그리고 은퇴식에 예쁜 꽃다발 들고 달려갈게요. 제가 축가도 불러드리겠습니다. 선생님, 퇴임 미리 축하드립니다. 3년 동안 매우 감사했습니다.

선생님께서도 앞으로 작가의 길이 꼭 꽃길이시길 기도 많이 하겠습니다. 감사합니다.

2022년 1월 13일 제자
김민서 올림

이 외에 동료 교사들로부터 여러 통의 편지를 받았다. 특별히 미국 국적인 원어민이 쓴 편지에서, best friend보다 더 좋은 친구를 표현할 때는 wonderful friend를 쓴다는 것을 이때 알았다.

> Teacher Sun, thank you for being such a wonderful friend and Christlike example. I will never forget your kindness. Good luck in your next adventure, and God bless you!
> Your friend, teacher White

이렇게 필자가 오랜 교직 생활을 마무리하면서, 제자들이나 선생님들의 깊은 사랑을 더욱 알게 되었다. 조지 앨리엇(George Eliot)이 남긴 "이별의 아픔 속에서만 사랑의 깊이를 알게 된다."라는 말처럼 말이다.

적용 부모님, 형제자매, 스승, 또는 친구에게 짧게라도 감사의 편지를 써보자

★ 05 ★
삶은 사랑하는 법을 배우는 시간

> 나는 단 한 가지 책임만 아는데, 그것은 사랑하는 것이다.
> – A. 카뮈(Albert Camus)

    2009년에 S고등학교에서 근무할 때다. 시골의 작은 학교와는 달리 전교생 1천 명이 넘는 큰 학교에서는 방과후학교 수업을 온라인으로 신청하는 시스템을 이미 활용하고 있었다. 교사가 먼저 온라인으로 수업을 개설해 놓으면, 학생이 수강하고 싶은 과목을 신청하는 프로그램이다. 난 국어교사이므로 문학이나 문법, 언어영역 수능 문제 풀이반을 개설하면 된다. 며칠을 고민하다가 문학 과목을 개설하기로 했다. 로그인해 보니, 이미 개설한 교사도 몇 있었다.

    방과후학교 수강 신청하는 기간이 다가왔다. 학생들이 쉬는 시간에도 컴퓨터실에 앞다투어 달려가 신청하느라 북새통이었다. 내 과목을 확인해보니, 수강 인원이 차서 이미 마감되어 있었다. 방과후학교 신청 온라인 프로그램이 신기할 정도로 편리하다는 것을 이때 알았다. 이렇게 수강 신청을 받아 방과후학교가 순조롭게 진행되었다.

    2010년에는 수능 문제 풀이반을 개설했는데, 신청 시간이 시작되어 1~2분도 안 되어 금세 마감되는 것을 목격했다. 늦게 신청하면 마감되기 때문에, 저녁밥도 먹지 않고 컴퓨터실에서 로그인하여 기다리고 있다가 신청한다는 것이었다. 어떤 학생은 야간자율학습도 생략하고, 일찍 귀가하여 노트북 앞에서 로그인해 기다리고 있다가 신청 시간 정각이 되면 재빠르게 신청한다고 했다. 이 말을 듣고 나도 미리 로그인해놓고, 학생들의 수강 신청 추이를 지켜보았다. 정말 신청 시간 '정각'이 되니 앞다투어 신청하고 있었다. 금세 마감되는 현장을 그날 처음으로 목격했다. 그래서 1분 만에 마감되었느니, 2분 만에 마감되었느니 하는 말을 이해하게 되었다. 그렇게 요란한 수강 신청이 끝나고 나면, 교실에서는 듣고 싶은 수강 신청에 성공한 학생들은 기쁨의 환호성이 터져 나오고, 성공하지 못한 학생들은 아쉬움의 탄식이 흘러나왔다.

    우리 인생도 가만히 들여다보면, 학교에서 공부하는 학생들과 별반 다르지 않다. 수백만에서 수천만, 아니 억 이상의 경쟁률을 뚫고 수강 신청에 성공하여, 엄마 뱃속에서 세상에 나올 준비를 한다. 그리고 세상 밖으로 나오는 순간, 자동으로 세상 학교에 입학하여, 죽음을 통해서만 졸업하게 되는 인생 학교에서, 평생에 걸쳐 인생 수업을 수강하기 때문이다.

그렇다면, 우리는 무엇을 배워야 할까? 산을 가장 잘 볼 수 있는 곳은 산 밑도 아니고 산 중턱도 아닌, 산 정상에서 비로소 산 전체를 볼 수 있다. 우리 인생도 분명하게 자신의 삶 전체를 볼 수 있는 때는 바로 죽음을 눈앞에 둔 때다. 자신의 삶과 이별해야 하는 삶의 마지막 때를 맞이한 수많은 사람들이 한결같이 깨달은 바는, 주어진 삶에 충실하고 매 순간을 사랑하며 살았어야 했다는 지극히 평범한 교훈이다.

그런데, 사람들은 정말 죽음 앞에서만 그 교훈을 깨닫는 것일까? 샤를 드골 대통령과 더불어 프랑스 현대사에서 가장 존경받는 프랑스인으로 손꼽히는 아베 피에르(Abbe Pierre) 신부의 말에서 그 답을 찾을 수 있다.

"삶이란 사랑하는 법을 배우기 위해 주어진 얼마간의 자유시간이다."

2차 세계대전이 끝난 직후, 넘쳐나던 빈민과 노숙자를 구제하는 일에 헌신하던 피에르 신부에게 누군가 목을 매고 죽으려 한다는 소식이 들려왔다. 신부는 잠시도 지체하지 않고 한달음에 달려가 보니, 전직 목수였던 조르주라는 사람이었다. 도대체 죽으려는 이유가 무엇이냐고 물으니, 어린 시절을 보육원에서 보내고, 성년이 되어 보육원을 나온 후 살인하게 되어 감옥에서 20년을 보냈으며, 수감 기간에 유일한 삶의 희망이었던 아내와 딸마저 자기를 외면하고 떠나버리니, 더는 세상에 살 이유가 없다는 것이었다. 이제 막 죽으려고 결심한 조르주를 붙잡고 피에르 신부가 "그렇다면 나도 말리지 않겠소. 하지만 당신이 죽는 것은 언제든지 할 수 있으니, 죽기 전에 나를 좀 도와주면 어떻겠소. 내가 지금 집 없는 가난한 사람들을 위해 일하고 있는데, 일손이 모자라니 집 짓는 일이나 도와주고 나서 죽으면 어떻겠소!"라고 부탁했다.

피에르 신부의 간절한 부탁에 목수는 자살을 잠시 미뤄 두고, 피에르 신부를 도와 죽을 때까지 15년간을 자기보다 더 비참한 상태에 처해 있는 이웃을 위해, 집 짓는 일을 함께했다. 자신은 아무 살 가치도, 의미도 없다고 생각해 죽음을 택하려 했던 조르주였지만, 집이 없어 추위에 떨며 고통받는 이들을 위해 발 벗고 나섰을 때, 자신의 삶이 가치 있으며 살아야 할 의미를 발견하게 되었다. 사랑하는 법을 배우니, 죽고 싶은 생각이 사라지고 살고 싶은 마음이 든 것이다.

자신의 삶을 회고하며 조르주는 이렇게 고백했다. "신부님! 만약 제가 죽으려했던 그날, 신부님께서 저를 불쌍히 여겨 돈 몇 푼을 쥐어주면서 죽으면 안 된다고 설교했더라면, 저는 신부님을 따라나서지 않고 다시 자살을 시도했을 것입니다. 저에게 필요했던 것은 돈이 아니라 살아갈 이유였기 때문입니다. 그날 저에게 도와달라고 말씀하셨을 때, 저는 조금이라도 더 살아야겠다는 생각을 하게 되었습니다"

그렇게 피에르 신부가 자살하려는 목수 조르주와 함께 시작한 일이 이후에 가난으로 집 없이 살아가는 사람들에게 집을 지어 주는 '엠마우스 공동체'의 시작이자 정신이 되었다.

그동안의 내 삶을 되돌아보니, 개인적으로 크게 내세울 만한 봉사활동을 다닌 적은 없다. 학기 중 토요일에 학생들과 같이 보육원에 방문하여 어린아이들을 돌본다든지, 독거노인들을 찾아뵙고 보살펴드렸다. 여름방학 때는 보충수업 기간과 겹치지 않으면, 학생들과 함께 하계 봉사활동을 3~4일간 다녀오는 정도였다.

경북에 있는 Y고등학교에서 근무하던 어느 토요일, 그날도 학생들과 같이 봉사활동을 나갔다. 그때 간 곳은 보육원으로 지금도 잊히지 않는 한 장면이 있다. 보육원에 들어서자마자, 담 밑에 채송화꽃이 핀 것처럼 빨간색, 노란색, 흰색 등 여러 색상의 앙증맞은 아기 신발 30여 켤레를 일렬로 세워 햇볕에 말리고 있는 것을 목격하게 되었다.

그 광경을 보고 금세 눈시울을 적신 것은 나만이 아니었다. 그날 흘린 눈물! 그 눈물은 병아리가 껍데기를 깨고 나오는 것과 같은 새로운 삶의 자각이었다. 그 보육원은 이제 아이들을 돌보러 가는 장소가 아닌, 내가 왜 살아야 하는지 그 이유를 깨닫게 해주는 장소가 되었다. 그날 나는 삶이란 사랑하는 법을 배우기 위해 주어진 시간이라는 것을 깨닫게 되었다.

지금은 어머니를 돌보느라 봉사활동을 나갈 수 없지만, 다시 봉사활동을 나가게 된다면 경북에 있는 그 보육원을 꼭 찾아가고 싶다. 2007년 1월, 94세의 나이로 세상과 이별한 피에르 신부가 남긴 말이 있다.

"타인들 없이 행복할 것인가, 아니면 타인들과 더불어 행복할 것인가. 혼자 만족할 것인가, 아니면 타인과 공감할 것인가. 공허한 말에 만족하지 말고 사랑하자. 그리하면 시간의 긴 어둠에서 빠져나갈 때, 모든 사랑의 원천에 다가서는 우리의 마음은 타는 듯 뜨거우리라."

적용 타인과 더불어 행복해질 수 있는 활동에 무엇이 있을지 적어보자.

* 06 *

아름다운 소풍 끝내는 날

너희 가운데서 하늘로 올려지신 예수는
하늘로 가심을 본 그대로 오시리라.
(사도행전 1:11)

그리스 의사 히포크라테스는 많은 사람들의 질병을 고쳐주었지만, 그 자신도 병에 걸려 죽었다. 위대한 정복자로 불리는 알렉산더대왕도 전 세계 여러 도시국가를 점령하며 수많은 병사들을 죽였지만, 그 자신도 결국은 죽고 말았다. 이렇게 사람은 그 누구도 예외 없이 죽음으로 생을 마감한다.

얼마 전, 운동하기 위해 아파트 계단을 오르고 있었다. 한 계단 또 한 계단을 오르고 있는데, 갑자기 공포심이 엄습했다. 이런 적은 처음이었다. '이 계단에서 쓰러지면 어떡하지? 아무도 없는 이곳에서 쓰러져 골든타임 5분이 지나면? 해야 할 일이 아직 많이 남아 있는데……' 생각이 여기까지 미치자, 더 이상 지체할 수 없었다. 재빨리 계단을 벗어나 엘리베이터 앞으로 왔다. 한 지인이 내게 들려준 이야기 때문이리라. 60~70대인 주변 사람 서너 명이 갑자기 세상을 떠났다는 것이다. 그 얘기를 듣는 순간, 정신이 번쩍 들었다.

인간은 '삶의 의미'를 찾으려고 끊임없이 노력하는 동물이다. 왜 살아야 하는지, 왜 고통을 겪으며 상실을 경험해야 하는지, 이렇게 살다가 결국은 어디로 가는지에 대한 의문이 꼬리에 꼬리를 문다. 그토록 치열하게, 인생이란 무엇인지 고민하면서 저마다의 행복을 추구하며 살아가고 있지만, 역시 피할 수 없는 것이 죽음이다. 이 땅에 태어나서 부자로 살든 가난하게 살든, 지위 고하를 막론하고 결국은 늙고 병들어 죽는 것이 삶이다. 이스라엘 왕이었던 솔로몬도 온갖 부귀영화를 다 누리고 살았어도 결국은 "헛되고 헛되며 헛되고 헛되니 모든 것이 헛되도다."(전도서1:2)라고 했다.

그렇다면 죽음은 어디에서 온 것일까? 무엇이 사람에게서 생명을 앗아 갔을까? 이토록 인생을 고달프게 하고 허무하게 만든 것이 무엇일까? 답은 성경에 나와 있다. 하나님이 에덴동산을 아름답게 창조하시고, 지으신 인간을 그곳에 두시어 행복한 삶을 누리게 하셨다. 그런데 뱀의 꼬임에 넘어가 하나님이 금하신 선악을 알게 하는 나무의 실과를 먹음으로, 에덴동산에 세우신 하나님의 법을 어긴 죄로 사람에게 죽음이 찾아오게 된 것이다. 그 죄의 결과는 오늘 우리가 보는 그대로다. 갑자기 우리 곁을 떠난 가족,

친구, 반려동물 등 죽음의 흔적이 여기저기에 널려 있다. 이렇게 우리가 사는 이 땅은 눈물과 고난으로 가득 차 있다. 그러면 누구나 죽을 수밖에 없는 이 허무한 인생을 어떻게 해결할 수 있을까? 죽음 이후의 세계는 정말로 있는 것일까?

죽음 이후 천국의 모습을 사람들이 상상하곤 하는데, 영국의 소설가 제임스 힐턴의 시공간을 초월한 유토피아 소설 『잃어버린 지평선』에 잘 형상화되어 있다. 주인공 콘웨이를 포함한 5명의 일행이 탄 경비행기가 히말라야 고산지대에 비상 착륙하게 된다. 인적이라곤 찾아볼 수 없는 눈보라치는 깊은 계곡에서 죽음만을 기다리던 그들은 뜻밖의 무리를 만난다. 그리고, 지상 낙원으로 상징되는 '샹그릴라'에 초대받게 된다. 그들이 방문한 샹그릴라에서는 현실 세계에서 흔히 볼 수 있는 소유에 대한 탐욕, 결핍으로 인한 대립 없이 모두가 만족해하며 행복하게 살아가고 있다. 단, 지상 낙원 샹그릴라는 오직 현실 세계와 단절된 채 살아갈 때만 존재한다.

이렇게 인간은 이야기를 꾸며서라도 불확실한 미래를 위한 소망을 갖고자 하는 영적 동물이다. 그런데 가상의 공간인 '샹그릴라'와는 달리, 실제 영생에 관한 인간의 소망을 실현할 방법이 있음을 아는가? 그것은 바로 예수님을 발견하는 것이다. 그리고 장래에 예수님이 재림하실 때, 예수님의 목소리를 듣고 무덤에서 깨어 일어나 눈물과 아픔과 죽음이 없는 완벽한 새 땅에서 사는 것이다. 이 소망은 하나님의 확실한 약속에 근거하고 있다. "또 내가 새 하늘과 새 땅을 보니, 처음 하늘과 처음 땅이 없어졌고, 바다도 다시 있지 않더라. 모든 눈물을 그 눈에서 닦아 주시니, 다시는 사망이 없고 애통하는 것이나 곡하는 것이나 아픈 것이 다시 있지 아니하리니, 처음 것들이 다 지나갔음이러라.(계 21:1,4)"

예수님을 발견하면 이 땅에서 변화된 삶을 살 수 있다. 톨스토이는『전쟁과 평화』,『안나 카레니나』를 발표한 직후, 소설가로서 세계적인 명성을 떨치고 있을 때, 피할 수 없는 죽음 앞에서 공포와 인생의 허무함으로 심한 정신적 고통을 겪었다. 그 무엇으로도 채울 수 없는 인생무상을 느끼며, 자살 직전까지 갔었다.

그런데, 그의 삶을 통째로 바꾼 삶의 진리가 있었다. 예수님을 발견한 것이다. 기독교 신앙의 진리를 깨달아 살아갈 이유를 찾은 그는 작품의 색깔까지 완전히 바꾸어 놓았다. '왜 사는가?'를 고민하면서 깨달은 진실을 동화형태로 집필한 것이다. 문학의 거장으로서 인생을 바라보는 깊이 있는 눈으로『사람은 무엇으로 사는가』,『두 노인』등 단편작을 쏟아냈다. 그렇게 톨스토이는 복음서에서의 예수님 말씀을 일상생활에 적용 가능한 행동, 특히 '사랑'을 실천하는 이야기들로 만들어냈다. 또한, 사회를 변화시키기 위해서는 개인의 변화로부터 시작됨을 강조했고, 영혼의 거듭남이 사회 전체를 변화시키는 진정한 힘이라는 것을 역설했다. 이렇게 인생 최악의 위기 속에서 자신이 살아갈 이유를 예수님 안에서 발견한 사람은, 아무리 어려운 역경이 닥친다 해도 기꺼이 살아갈 힘을 얻어, 이전의 삶과는 전혀 다른 새로운 삶을 살게 되는 것이다.

그러나 예수님을 알지 못하는 사람은 죽음을 숙명론적으로 받아들이거나 과학기술의 힘을 빌려 극복하려는 모습을 보이게 된다. 어떤 사람들은 죽음을 피할 수 없는 문제로 여겨 절망하며 살거나, 두려움을 잊기 위해 본능적인 쾌락을 추구하며 산다. 또 어떤 사람들은 과학기술로 죽음을 극복할 수 있다고 믿는다. 특별히 오늘날, 과학기술의 발달로 인간이 영생을 누릴 수 있게 된다는 사상을 전파하는 영화나 드라마가 많이 만들어지고 있다는 것이 큰 문제다. 그리고 두려운 것은 그들이 주장하는 영생이 인간성을 파괴하고 있는 것을 교묘하게 감추고 있다는 사실이다. 사람들은 과학기술의 발달로 더 이상 죽음도 질병도 고통도 없는 유토피아의 도래를 환호하고 있지만, 그러한 영생을 누리는 인간 존재에 대해서는 주의를 기울이지 않고 있다. 인간의 몸과 기계가 결합한 사이보그화된 인간이 표준적 인간으로 제시되며, 인간의 뇌 속에 있는 모든 기억을 데이터화해 컴퓨터에 다운로드하여 로봇에게 이식한다는 것이다. 이것은 영생을 빙자한 인간 파괴나 다름없다. 그것은 기계에 불과한 것이고, 우리가 들고 다니는 USB나 다름없는 것이다.

이러한 인간 파괴의 시대에 인간성을 회복하고 사람답게 살 수 있는 길이 예수님을 믿는 믿음 안에 있다. 예수님을 믿는 것은 단순한 종교적 선택의 문제가 아니며, 인간이 영생에 이르도록 이끄시는 하나님의 축복임을 알아야 한다. 하나님은 예수님을 믿는 자마다 영생에 이를 것을 약속하셨다. 그러므로 죽음은 더 이상 인간이 두려워하거나 부정해야 할 문제가 아니며, 죽음이란 인간을 영생으로 인도하는 과정이며 관문임을 알아야 한다.

이렇게 예수님 안에서 부활의 소망으로 살아가는 것이다. 그러니, 어린아이가 어두컴컴한 방에 선뜻 들어가기를 두려워하듯 죽음을 두려워할 것이 아니라, 하나님을 알지 못하고 죽음을 맞이하는 것을 두려워해야 한다. "진실로 진실로 너희에게 이르노니, 죽은 자들이 하나님의 아들 음성을 들을 때가 오나니, 곧 이때라. 듣는 자는 살아나리라.(요 5:25)" 이 말씀을 믿고 살면, 이 땅의 삶이 아름다운 소풍으로 여겨질 것이다. 소풍을 마치고 편안하게 집으로 돌아가듯, 그렇게 죽음을 맞이하는 것이다. 고(故) 천상병 시인은 신자답게 시 '귀천(歸天)'에서 이렇게 노래했다.

"나 하늘로 돌아가리라.
아름다운 이 세상 소풍 끝내는 날
가서 아름다웠더라고 말하리라."

이 땅에서 예수님을 믿으며 한 가지 실천해야 할 것이 있다. 바로 사랑이다. 마더 테레사 수녀가 그 본을 보인 사람으로 이렇게 말했다.

"당신이 가는 곳마다 사랑을 전파하세요. 먼저 당신 자신의 집에서 그 일을 실천하세요. 당신의 자녀를, 아내와 남편을 사랑하세요. 그리고 그다음엔 옆집에 사는 사람들을 사랑하세요……. 어떤 사람이든지 당신을 만나고 나면 더 나아지고 더 행복해지게 하세요. 신의 사랑이 당신을 통해 표현되도록 하세요. 당신의 얼굴에, 당신의 눈에, 당신의 미소 속에, 그리고 당신의 따뜻한 말 한마디 속에 신의 사랑을 표현하세요."

이렇게 사랑을 실천하며 살다가, 하나님이 부르시면 아름다운 소풍 끝마치고 하늘집으로 귀가하는 것이다.

> **적용** 피할 수 없는 죽음 앞에서 공포와 인생의 허무함으로 심한 정신적 고통을 겪으며, 자살 직전까지 갔었던 톨스토이의 삶을 통째로 바꾼 것은 무엇인가?

4장
행복·감사

★ 01 ★
몸과 마음이 날마다 봄이다

> 흔히 행운의 여신은 눈이 멀었다고 불평하지만,
> 인간만큼 눈이 멀지는 않았습니다. 실생활을 자세히 살펴보면,
> 바람과 파도가 유능한 항해사의 편이듯 행운의 여신은 언제나
> 근면한 사람 곁에 있습니다.
> – 새뮤얼 스마일스(Samuel Smiles)

교직에서 은퇴하니, 날마다 쌓이는 공문을 확인·처리하지 않아도 되고, 학생들의 체험활동을 기획하지 않아도 된다. 아울러 교육청에서 지원하는 목적사업비를 정산하지 않아도 된다. 이런 지극히 사무적인 일에서 벗어나니, 봄이 되어 겨울에 입던 무거운 외투를 벗어 던진 듯, 몸과 마음이 날마다 봄이다. 어디 이뿐이겠는가! 출근하지 않으니, 아침 시간에 쫓기지 않아서 좋고, 야간학습 감독을 하지 않으니 졸음과 싸우지 않아도 된다. 마음대로 산책할 수 있고, 글도 쓰며, 책 쓰기 코칭은 물론 강연도 하니, 이보다 더 행복할 수는 없다. 이번 달도 방학이고 다음 달도 방학이다. 은퇴하고 두어 달 쉬면 지루할 것이라는 사람들의 말은 옳

지 않았다. 좋아하는 일을 하며 알맞게 바쁘니, 삶이 늘 즐겁고 행복하다. 이렇게 즐겁게 지내며 글을 쓰고 있는데, S고등학교에서 근무하는 강○○ 선생님으로부터 전화가 걸려왔다.

"선생님! 한글날 행사를 계획하고 있는데, 강의해 줄 수 있어요?"
"한글날 행사면, 한글을 주제로 강의해야겠네요."

'작가와의 만남'으로 초청하는 줄 알았다. 그런데 한글을 주제로 강의해 달라는 것이다. 무엇보다 기쁜 것은 함께 근무했던 선생님들을 오랜만에 만나는 것이다. 인사이동으로 모두를 만날 수는 없지만, 그래도 몇 분은 만날 수 있다는 생각에 벌써 설레었다. 그리고 13년 전에 근무했던 학교에 가보는 것이다. 봄이 되면 교정에 노란 산수유꽃이 피었다. 산수유꽃을 보며 꿈을 꾸었다. '내년에는 꼭 고향에 가서 근무하기를'. 김훈의 여행 에세이 『자전거 여행』에서 산수유꽃을 이렇게 표현했다. "산수유는 꽃이 아니라 나무가 꾸는 꿈처럼 보인다." 다음 해인 2011년에 고향으로 발령이 나 얼마나 기뻤는지 모른다. 그 당시를 회상해 보면, 아마 내가 날개가 있다면 훨훨 날았을 것이다.

한글에 관한 강의 준비를 하면서 한글의 우수성을 다시 깨닫게 되었다. 강의할 내용을 PPT로 하나씩 준비해나갔다.
2022년 10월 11일(화) 오전 10시, S고등학교 강당에서 성악을 전공한 남동생이 '시월에 어느 멋진 날에'를 부르면서 특강의 문을 열었다. 학생들로부터 우레같은 박수갈채가 터져 나왔다. 재직 중인 선생님들도 노래를 듣고 매우 좋아했다. 이어 내가 고등학생들 앞에 섰다. 준비한 프레젠테이션을 한 장씩 넘기면서 작가로서, 한글날 강연자로서 특강을 시작했다. 강연한 내용을 이 지면에 모두 기록할 수는 없지만, 몇 가지를 적으려고 한다.

한글날의 기념일을 세는 단위는 '몇 주년', '몇 회'가 아닌 '몇 돌'로 표기하며, 2022년도 한글날은 576돌이다. 한글의 과학성과 우수성을 기리기 위해 2006년부터 국경일로 지정했으며, 〈문화재청 국가문화유산포털〉 사이트에 훈민정음은 1997년 10월에 유네스코 세계 기록 유산으로 등재되었다. 우리 한국어가 점점 세계화되고 있다는 것을 YTN에서 뉴스로 내보낸 영상을 보여 주었다. 한글, 한국어를 공부하는 세계인이 점점 증가하여, 전 세계 244개 세종학당에서 한글 공부를 하는 사람들이 15년 전에는 수강생 740명이었는데 현재는 8만 명에 이른다. 그리고 한국어를 제2 외국어로 채택하는 국가도 점점 증가하여 미국, 일본, 프랑스 등 18개국이며, 한국어를 채택한 초·중·고는 1,800개 학교나 되었다.

학생들이 한 번도 들어보지 못한 최현배 작사, 박태현 작곡의 한글 노래도 들려주었다. 들려주기 전에 한글 노래를 들어본 학생은 손을 들어보라고 했더니, 예상했던 대로 한 명도 없었다. 대한민국의 여성 가수, 뮤지컬 배우인 미기가 한복을 입고 율동하면서 한글 노래를 부르는데, 미기의 노래를 들으면 흥이 절로 난다. 목소리가 시원스러울 뿐만 아니라, 율동하면서 노래하여 시각과 청각을 모두 만족시키기 때문이다. 그리고 한글의 우수성을 담은 노래 가사도 매우 훌륭하다.

"강산도 빼어났다. 배달의 나라
긴 역사 오랜 전통 지녀온 겨레
거룩한 세종대왕 한글 펴시니
새 세상 밝혀주는 해가 돋았네"

이어 '훈민정음 어지(御旨)'를 외울 수 있는 학생이 있냐고 물었더니, 한 명도 없었다. 물론 없는 게 당연하다. 1994년도부터 대학 교육에 필요한 수학 능력을 측정하기 위해 도입된 대학수학능력시험으로, 굳이 외울 필요가 없어졌기 때문이다. 그런데 필자의 학창 시절에는 반드시 외워야 하는 과제였다. 그래서 그 당시 웬만한 학생이면 술술 외우곤 했다. 요즘 주입식 교육은 무조건 나쁜 것으로 여기는 이들도 있지만, 때로는 암기교육도 필요하다. 시간과 장소에 구애됨 없이 언제 어디서나 외우니, 한글 창제의 목적과 정신을 잊지 않게 되고, 한글의 독창성과 과학성 그리고 실용성과 우수성을 생각하게 되니, 한글을 더욱 사랑할 수밖에 없다. 그럼 내가 외워보겠다며 은쟁반에 옥구슬 굴러가듯 술술 외우니, 박수갈채가 쏟아졌다. 외울까 말까 망설였었는데, 외우기를 잘했다는 생각이 들 정도로 호응이 좋았다.

"나·랏:말쌍·미 中듕·귁·에 달·아 文문字·쭝·와·로 서르 스뭇·디 아·니홀·씨
·이런 젼·츠·로 어·린百·빅 姓·셩·이 니르·고·져 ·홇·배이·셔·도
무·춤:내 제·뜨·들 시·러펴·디 :몯홇·노·미 하니·라
·내 ·이·룰 爲·윙·ᄒᆞ·야 :어엿·비 너·겨, ·새·로 ·스·믈여·듧
字·쭝·룰 밍·ᄀᆞ노·니
:사름:마·다 :ᄒᆡ·ᅇᅧ :수·ᄫᅵ니·겨 ·날·로 ·ᄡᅮ·메 便뼌安한·킈 ᄒᆞ·
고·져 홇 ᄯᆞᄅᆞ·미니·라."

이어 한글 사랑 방법으로, 일상생활에서 고운 말을 쓰기 위해 노력할 것을 권했다.

"남자들은 어떤 여자를 좋아할까?" 질문했더니, 예상했던 대로 '얼굴이 예쁜 여자'라고 대답했다. 얼굴이 예쁜 여자도 아니고 몸매가 예쁜 여자도 아닌, 말씨가 고운 여자라고 했더니, 학생들이 고개를 끄덕였다. 김창옥 교수가 유튜브에서 이런 말을 한 적이 있다. "외적 매력에는 유통기한이 있지만, 내적 매력에는 유통기한이 없다."고. 얼굴이 예뻐 호감이 갔더라도, 그 입에서 거친 말이 나온다면 그 사람과는 거리를 두고 싶어 했던 경험이 있을 것이다. 그러면 고운 말씨란 무엇일까? 고운 말씨에 대해 여러 가지로 표현할 수 있겠지만, 우선 긍정적인 말, 그리고 상대방이 들었

을 때 자존감을 높여주는 말이다. 이런 말은 인향(人香)을 뿜어내는 말로, 말하는 자신도 행복하고 듣는 사람도 행복해진다.

　게임만 하는 자녀가 있다면 어떻게 말을 해야 할까? 고등학교 2학년 담임을 맡고 있었을 때, 한 남학생이 한 시간 정도나 늦게 등교했다. 왜 늦었느냐고 물으니, 엄마가 학교에 다니지 말라고 했다는 것이다. 그러면서 자퇴해야겠다고 퉁명스럽게 말했다. 그 말을 듣고, 어머니가 싫어하는 행동을 했냐고 물었더니, 게임을 했다는 것이다. 그 말끝에, 게임하는 아들에게 나가서 죽으라고 하는 어머니도 있다고 하면서 2시간여 동안 설득하여 마음을 진정시킨 후, 수업에 들여보냈다. 그 후, 고등학교를 무사히 졸업하고 대학에도 들어갔다. 이런 얘기를 학생들에게 하며, 나중에 게임만 하는 자녀를 보게 되면 어떤 말을 해줄지 지금부터 생각해두라고 했더니, 여러 학생들이 고개를 끄덕였다.

　한글을 사랑하는 방법에 또 무엇이 있을까? 감동적인 글쓰기다.
　어느 날, 누군가 헤밍웨이에게 여섯 단어만 가지고 눈물을 흘리게 할 수 있는 소설을 쓸 수 있는지, 내기했다. 이에 헤밍웨이는 한 치의 망설임도 없이 수락했고, 며칠 후 아래와 같이 글을 지어 우편으로 보냈는데, 그는 글을 읽고 감동하여 즉시 고액의 원고료를 헤밍웨이에게 보냈다고 한다.

"For sale: Baby shoes. Never worn."
(판매: 아기 신발. 한 번도 신은 적 없음.)

이렇게 헤밍웨이처럼 감동적인 글을 쓰기 위해, 우선 일기부터 쓰라고 했다.

톨스토이는 19세 때부터 82세까지 64년 동안 일기를 썼다. 그 결과『톨스토이의 비밀일기』,『전쟁과 평화』,『안나 카레니나』,『부활』,『사람은 무엇으로 사는가』등 많은 문학 작품을 남겼다. 앙리 프레데릭 아미엘은 18세 때부터 60세까지 43년 동안 일기를 썼다. 그래서 1만 7천 페이지의 일기 중에 주옥같은 내용만 뽑아 17개의 주제로 편집한 것이『아미엘의 일기』이다. 아미엘은 일기를 써나가면서 깨달은 것을 명언으로 남기기도 했다. "일기는 고독한 사람의 정신적 친구이고, 위로의 손길이며, 또한 의사이기도 하다."

그럼 우리나라에도 일기 쓰기의 거장이 있었을까? 바로 이순신 장군이다. 임진왜란 7년 동안 써 내려간 일기가 바로『난중일기』로, 이순신 장군은 전쟁 중의 아픔과 슬픔을 일기 쓰기로 극복해냈다. "나는 내일이 막내아들의 죽음을 들은 지 나흘째가 되는 날인데도, 마음껏 울어보지도 못했다."

일기를 쓰면 자신의 불안정한 감정을 토닥여 주어 안정적인 감정으로 변화할 수 있도록 해주며, 자신의 삶을 객관화하여 소중하게 여길 수 있도록 한다. 그리고 일기 쓰기는 곧 글쓰기 연습이다.

혹시 학생들이 지루해할 것 같아, 중간중간 상식적이면서도 국어 수업 시간에 배웠을 내용으로 퀴즈를 내었다. 정답을 맞히는 학생에게는 학교에서 준비한 과자 상자 또는 필자의 개인 저서를 부상으로 주었는데, 거의 다 맞히었다.

퀴즈 1. 우리나라 5대 국경일은?
퀴즈 2. 현재 쓰이는 한글은 자음과 모음을 합해 모두 몇 자인가?
퀴즈 3. 다음 문장에서 잘못 쓰인 단어는?
   한글날은 10월 9일로, 훈민정음의 창제를 기념하여 한글의 독창성과 과학성을 널리 알리고, 한글 사랑 의식을 높이기 위한 기념일로 법정 공휴일이다.
퀴즈 4. 한글과 한국어는 어떻게 다른가?
퀴즈 5. 한글 전에 쓰였던 명칭과 한글로 명명한 사람은?
퀴즈 6. 훈민정음을 만든 목적과 정신이 어디에 나와 있는가?
퀴즈 7. 훈민정음 어지에 나타나 있는 세 가지 정신은?
퀴즈 8. 화종구생(禍從口生)의 뜻은?

퀴즈 정답
1. 3·1절, 제헌절, 광복절, 개천절, 한글날 2. 24자 3. '창제'가 아니라 '반포' 4. 한글은 문자, 한국어는 언어 5. 훈민정음, 주시경 6. 훈민정음 어지(御旨) 7. 자주정신, 애민정신, 실용정신 8. 재앙이 입으로부터 나온다는 말로, 말을 삼가야 한다.

퀴즈 8은 고운 말을 써야 한다고 강조할 때, 이 한자성어를 언급했었다. 어떤 사람은 밥 먹듯 욕하는 사람이 있는데, 단 한 번뿐인 삶! 고운 말씨를 쓰며 예쁘고 아름답게 살아야 하지 않을까?

이렇게 한글날 행사에 다녀왔다. 귀가하면서 차 안에서 동생이 말하기를 누나가 있는 곳에 동생이 있고, 작가가 있는 곳에 성악가가 있어야 한다고 했다. 아인슈타인(Albert Einstein)이 이렇게 말했다.

"성공한 사람이 아니라 가치 있는 사람이 되기 위해 힘쓰라."

S고등학교 강당

적용 독일 철학자 아르투어 쇼펜하우어가 말했다.
"말이 거친 사람은 화가 많은 사람이고, 남을 욕하는 사람은 제 삶이 초라한 탓이다. 부정적인 말을 자주 하는 사람은 불안함이 많은 사람이고, 허세가 가득한 사람은 본인이 별 볼 일 없는 사람이기 때문이다. 말이 곧 인성이고 인성이 곧 그 사람의 하루를 만들어낸다."
자신의 말 습관 중에 고쳐야 하는 부분이 있다면 적어보라.

★ 02 ★
버킷리스트의 꿈을 이루다

꿈을 파는 가게가 있다면 당신은 어떤 꿈을 사겠는가?
— 토마스 러벨 베도스(Thomas Lovell Beddoes)

2022년 2월 말, 교직에서 은퇴한 후 5월 10일 이메일을 열어 보니, 낯선 사람에게서 메일 한 통이 와 있었다. 5월 5일에 보내온 메일로, 핸드폰 번호도 적혀 있어 전화를 걸었다.

"안녕하세요? 김선옥 작가입니다. 오늘에서야 메일을 열어 보게 되어 전화드립니다."

"네, 안녕하세요? 저는 대구에 사는 송추향입니다. 제가 책을 쓰다가 중단했었는데, 작가님의 책 『책 쓰기로 인생 리셋하기』를 읽고 다시 쓰고 싶어졌습니다. 언제 만나 뵈었으면 합니다."

이렇게 하여 처음으로 작가와 독자가 만났다. 낯선 사람을 만난다는 것은 매우 가슴 설레는 일이다. 정현종 시인의 시 '방문객'의 시구가 떠올랐다. 서울 광화문 교보생명 본사 외벽에 걸려 있는 나태주 시인의 '풀꽃'에 이어, 많은 사람들의 사랑을 받는 시구다.

"사람이 온다는 건, 실은 어마어마한 일이다.
한 사람의 일생이 오기 때문이다."

누런 서류봉투를 들고 갈 테니, 서류봉투를 든 사람을 찾으시면 된다고 미리 말해두었다. KTX를 타고 대전역에서 내려 대합실로 내려가니, 곧바로 나를 알아보고 손짓했다. 나도 손짓으로 응답했다. 서류봉투를 들지 않았어도 나를 알아보았을 것이라 했다. 저 앞에서 걸어오는 분이 송추향 씨라는 것을 나 또한 직감으로 알아차렸다. 내가 손짓을 먼저 하지 못했을 뿐, 아마 동시에 서로 알아본 것이리라. 단발머리에 단정한 복장, 조금도 흐트러지지 않은 모습이다. 정말로 한 사람의 일생이 오고 있었다. 사람이 온다는 건 어마어마한 일이었다.

대합실 내 커피숍에서 만나 책 쓰기와 출판에 관한 대화를 나눴다. 필자가 책을 쓰면서 커피숍에서 독자를 만나 책 쓰기에 관한 대화를 나누는 모습을 상상했는데, 상상한 대로 꿈이 이루어졌다. 그리고 2022년 6월 8일부터 책 쓰기 코칭을 시작했다. 세 번째 코칭 소감을 〈테라폰 책 쓰기 코칭 아카데미〉 카페에 이렇게 적었다.

6월 22일 8시 30분부터 11시 30분까지, 천안아산역 한 카페에서 책 쓰기 코칭을 하고 나오는데, 설레는 마음 흐뭇한 마음을 감출 수가 없다. 그동안 꿈꾸었던 삶이었기 때문이다. 은퇴 전 개인 저서 3권을 쓰고, 은퇴 후에 책 쓰기 코칭을 하겠다고 말해왔는데, 말한 대로 현실이 된 것이다. 베스트셀러 작가가 될 것을 상상하면서 책을 썼고, 독자와의 만남을 상상하면서 책을 썼다. 그리고 책 쓰기 코칭하는 모습을 상상하면서 책을 썼다. 상상한 이 모든 것들이 실현되었다.

이제 책 쓰기 코칭을 그룹으로 하는 모습을 상상해본다. 책 쓰기는 삶을 변화시키는 최고의 무기로, 독서보다 책 쓰기가 더 강한 힘을 발휘한다. W.H. 허드슨이 남긴 말이 있다. "훌륭한 책은 저자의 머리와 심장에서 나온 것이다. 저자는 책 한 장 한 장에 자신의 모든 것을 담았다. 각 페이지는 저자와 생명을 같이할 뿐 아니라, 저자의 개성으로 넘쳐 흐른다."

송 작가를 만나 제목과 목차를 함께 정하고, 소제목 하나하나 코칭했다. 송 작가의 원고를 읽으면서 돌아가신 아버지 생각이 나, 손수건을 꺼낸 일도 있다. 바로 이 대목이다.

"누가 '인생은 잠시 왔다 가는 소풍'이라고 했던가! 소풍이 이렇게 슬퍼도 되는가. 소풍은 원래 신나고 즐거우며 아름다워야 하지 않는가! 나는 여태 가볍게만 생각해 왔던 '소풍'이라는 단어에 큰 의미를 부여하고 싶다. 친정에 갈 때면 즐거운 소풍처럼 최선을 다해 아버지의 즐거운 소풍을 만들어드리려 노력한다. 언젠가는,

어느 날 갑자기 아버지가 영영 돌아오지 못하는 소풍을 떠나실지도 모르기 때문이다. 삶은 기다리는 소풍처럼 설레기도 하지만, 아프기도 한 날들이 이어지고, 다시 새로운 아침처럼 날마다 소풍 갈 준비를 하면서 살아가는 것이리라."

책 쓰기 코칭을 하면서, 필자 또한 열정이 되살아나 네 번째 책을 쓰기 시작했다. 열정은 전파력이 강했다. 이렇게 6월 초부터 코칭을 시작한 것이 어느덧 10월 말 즈음에는 마무리 단계에 이르렀다. 그동안 송 작가의 글을 읽으면서 지나온 삶을 훤히 들여다보게 되었다. 그리고 열정적으로 살아온 삶에 박수가 절로 나왔다. 출판사에 투고하기 전, 책 쓰기 코칭한 사람으로서 추천사를 쓰는 것이 좋겠다는 생각에 송 작가에게 물어보니, 반색하면서 "코치님이 써주시면 감사하죠!" 했다. 투고했을 때 출판사에서 작품의 진가를 알아보는 데 추천사가 한몫할 것이었다. 어떤 내용으로 쓸까? 고민하던 중, 김춘수 시인의 〈꽃〉이 떠올랐다. "나의 이 빛깔과 향기에 알맞는……"

송 작가의 빛깔과 향기에 알맞는 추천사를 써야겠다는 생각이 들었다. 송 작가는 하고 싶은 일을 두려워하지 않고 시도하는 사람이었다. 시도하지 않으면 아무것도 얻을 수 없음을 아는 사람이었다. 그동안 뜨거운 용광로처럼 열정적으로 앞만 보며 달려온 삶의 주인공이었다. 책 쓰기 코칭을 시작하고, 처음으로 써보는 추천사를 이렇게 써 내려갔다.

"그 누구보다 열정적으로 살아온 송 작가가 첫 번째 저서인 『시도하지 않으면 아무것도 얻을 수 없다』를 출간하게 되어, 진심으로 축하드립니다. 독자들이 이 책을 읽고 평생 살 것처럼 꿈꾸고, 꿈을 실현하기 위해 열정적으로 살게 되었다는 소식이 이어지기를 기대합니다.

(중략)

이 저서를 통하여 송추향 작가가 에세이 작가로서 크게 성공하기를 바랍니다. 그리고 강연가로서 우뚝 서기를 기원합니다."

추천사를 써서 여러 출판사에 이메일로 투고했다. 송 작가와 함께 답장을 기다리고 있는데, 30여 분이 지났을까? 출판사에서 출간하고 싶다는 이메일을 보내왔다. 이어 다른 여러 출판사에서도 문자가 오고 이메일이 왔으며 전화가 걸려왔다. 예상했던 것 이상으로 여러 곳에서 출간 제안을 받은 것이다. 필자가 출간 제안을 받은 것보다 더 기쁘고 감격스러웠다. 출판사로부터 첫 이메일을 받았을 때, 송 작가와 나는 동시에 손을 번쩍 들어 하이파이브도 했다. 이것이 바로 코칭하는 기쁨이며 보람이었다. 책 쓰기 코칭의 첫 대상자였던 송 작가로 인해 좋은 일들이 도미노로 이어질 것을 기대하며, 송 작가가 천여 명 앞에서 강연하는 모습도 상상해보았다.

드디어 송추향 작가의 저서 『시도하지 않으면 아무것도 얻을 수 없다』가 2023년 1월 20일, 출판사 〈북갤러리〉에서 출간됐다. 송 작가의 열정이 고스란히 담겨 있기에, 독자들로부터 어떤 호응을 얻을지 기대되었다. 에머슨이 "자신의 목표를 향해 나아가며 행동하는 사람이라면 온 세상이 그를 위해 길을 열어준다."고 했는데, 이 명언은 송 작가를 두고 한 말이리라. 마치 앰뷸런스가 급하게 달려오고 있을 때, 달리던 차들이 길을 비켜 주듯이 말이다. 누구든지 꿈을 꾸고, 그 꿈을 이루기 위해 행동으로 옮긴다면, 온 세상이 꿈꾸는 자를 도와줄 것이다. 그리고 어느 날, 꿈이 현실이 된 것을 발견하게 될 것이다.

어떤 일에 꿈을 꾸고 있다면, 지금 꿈을 향해 출발하기 바란다. 그리고 성공할 것이라 믿어보기 바란다. 지금, 이 시간보다 더 이른 시간은 없다.

> **적용**   1년 또는 2년 안에 꼭 이루고 싶은 꿈을 적어보자. 쓰면 이루어진다.

* 03 *
인생 2막의 기쁨과 보람

학문하는 길에는 따로 방법이 없다. 모르는 것이 있으면
길 가는 사람이라도 잡아서 묻는 것이 옳고, 또한 종이라고 하더라도
나보다 하나라도 많이 알면 반드시 배워야만 한다.
― 연암 박지원

그 후, 대구에 있는 〈널리〉 출판사 대표로부터 전화가 걸려왔다. 송추향 작가의 저서 『시도하지 않으면 아무것도 얻을 수 없다』 독자가 필자를 소개했다는 것이다. 원고 교정·교열을 내게 부탁했다. 전에도 한 출판사로부터 출판 일을 같이 하자는 제안을 받은 적 있었는데, 그때는 단번에 거절했다. 그런데 이번엔 고민이 되었다. 출판사 일을 계속하는 것이 아니라, 작품이 한 편이고 내용도 궁금했기 때문이다. 고민 끝에 마음을 바꾸었다. 송 작가를 만나러 대구에 갔다가 출판사 대표도 만나 대화를 나누면서, 암 극복 이야기가 더욱 궁금해졌다. 얼마 후, 원고 교정·교열 및 윤문 작업에 들어갔다. 3월 중순부터 4월 말까지 교회 출석과 산책 외에는 바깥출입을 완전 금하고, 노트북 앞에서 글과 싸웠다. 온종일 노트북 화면을 주시하고 있노라면, 눈앞에서 글자들이 춤추는 듯한 착각을 일으킨 때도 있었다. 드디어 추천사를 아래와 같이 쓰고 마무리하여, 2023년 7월 1일, 세상에 나온 책이 민환식 작가의 『암은 나에게 은혜였다』이다.

"민환식 작가의 글을 읽노라면 자연스레 떠오르는 분이 있습니다. 바로 95세가 되어 다시 공부를 시작하고 103세에 세상을 떠난 분으로, 호서대학교를 설립한 고(故) 강석규 박사님입니다. 강 박사님이 남기신 글 한 대목을 소개합니다.

'나는 젊었을 때 정말 열심히 일했습니다. 그 결과, 나는 실력을 인정받았고 존경을 받았습니다. 내 65년의 생애는 자랑스럽고 떳떳했지만, 이후 30년의 삶은 부끄럽고 후회되고 비통한 삶이었습니다. 만일 내가 퇴직할 때, 앞으로 30년을 더 살 수 있다고 생각했다면 난 정말 그렇게 살지는 않았을 것입니다.

그때 나 스스로가 이젠 늙었다고, 뭔가를 시작하기엔 많이 늦었다고 생각했던 것이 큰 잘못이었습니다. 나는 지금 95세이지만 정신이 또렷합니다. 앞으로 10년, 20년을 더 살게 될지 모릅니다. 이제 나는 하고 싶었던 어학 공부를 시작하려 합니다. 그 이유는 단 한 가지……. 10년 후 맞이하게 될 105번째 생일에 95세 때 왜 아무것도 시작하지 않았는지

후회하지 않기 위해서입니다.'

사람마다 받아든 인생의 도화지는 크기도 모양도 빛깔도 다 다릅니다. 이 사실을 모르는 사람은 없습니다. 다만 한 가지, 자신이 받아든 인생의 도화지가 얼마나 남았는가를 아는 사람은 없습니다. 안타까운 것은, 사람들 대부분이 자신의 인생 도화지가 얼마나 남았는가를 알고 있다는 듯이 말하고 행동하며 살아간다는 것입니다. 결국은 그 누구도 아닌 자신이 정하거나 그어 놓은 한계만큼, 절망과 좌절로 고스란히 돌아와 자신의 몫이 되고 만다는 것입니다.

여기 민 작가의 신간 『암은 나에게 은혜였다』는 바로 이러한 '삶의 진리'를 투병 생활 동안 자기 영혼에 새겨놓은 고백서라고 할 수 있습니다. 암 선고를 받았을 때, 이젠 다 틀렸다고, 건강을 회복하기에는 너무 늦었다고 말하며 행동했다면, 민 작가를 만나보지 못했을 것입니다. 죽음의 문턱에까지 이르렀다가, 식생활을 바꾸고 운동을 비롯한 여러 건강요법을 실천하여, 웃으면서 멋지게 그리고 당당하게 암을 극복해냈습니다. (이하 생략)"

그다음은 박경미 부사장을 만났다. 박 부사장이 송 작가의 저서를 받으면서 필자를 소개받았다는 것이다. 그 후, 박 부사장은 막연한 꿈이었던 책 쓰기를 필자를 만나자마자 시작하게 될 줄은 몰랐다고 한다. 잦은 출장으로 그 바쁜 중에도 성실하게 써내어, 『알바생이 어떻게 부사장이 되었을까?』로 제목을 정하여 원고를 완성했다. 그리고 추천사를 이렇게 써서 투고했다.

"한 기자가 미국의 발명가 에디슨에게 이렇게 질문했습니다.
'전구를 발명하기까지 천 번도 넘는 실패를 했다고 들었습니다. 전구를 만드는 데 성공한 지금, 기분이 어떠십니까?' 에디슨이 이렇게 대답했습니다.
'나는 실패한 적이 없습니다. 전구를 발명하기까지 천 번의 단계를 거친 것뿐입니다.'
'실패는 성공의 어머니'라는 말로 유명한 에디슨다운 답변입니다. 아무리 실패를 거듭하더라도 좌절할 필요가 없습니다. 모든 실패는 성공으로 가는 과정이니 말입니다.

여기 꿈을 이루기 위해 목표를 설정하고, 그 목표에 도달하기 위해 로드맵을 그려 하나씩 실행에 옮기며 오뚜기처럼 살아온 인생이 있습니다. 바로 박경미 작가입니다. 알바생으로 시작하여 부사장이 되고, 은퇴를 앞둔 지금까지 약 40년 동안 모든 역경에 맞서서 드디어 꿈을 이뤄낸 인물입니다. 박 작가의 첫 저서 『알바생이 어떻게 부사장이 되었을까?』를 출간하게 되어 진심으로 축하드립니다. 경영자로서 잦은 출장과 매일 쌓여가는 업무로 인해 바쁜 중에도 버킷리스트 중 하나인 책 쓰기에 도전하여 이렇게 저서를 출간하게 되었으니, 책 쓰기 코칭을 한 사람으로서 기립박수를 보내드립니다. (이하 생략)"

투고한 후 출판사로부터 연락 오기를 기다릴 때가 가장 긴장되는 시간이다. 출판사 대표들이 이메일을 열어보고, 작가의 프로필 및 목차라도 읽어볼 시간이 필요하다는 것을 알면서도, 투고한 입장에서는 빨리 연락 오기만을 바라게 된다. 드디어 출판사로부터 연락이 오기 시작했다. 어느 출판사는 전화로, 어느 출판사는 이메일로, 또 어느 출판사는 이메일을 먼저 보내고 전화로 연락이 왔다. 어느 출판사는 좋은 조건으로 계약하고 홍보도 많이 할 테니, 이미 계약한 출판사가 있으면 계약 취소할 수 없겠냐는 제안도 받았다. 이런 제안을 받는 것 또한 기쁜 일이다. 이 책은 경영자로서 회사를 어떻게 경영했는지, 열정적인 삶의 이야기가 전개된다.

이렇게 책 쓰기 코칭하면서 기쁨과 보람을 가장 많이 느끼는 때는, 설레는 마음으로 투고한 후, 여러 출판사로부터 출간 제안을 받아 계약할 때다. 얼마나 기쁜지 밥을 먹지 않아도 배가 부르다.

그 후 대전에 있는 새일초등학교 이서영 교장 선생님으로부터 2024년 1월 30일에 연락을 받았다. 필자의 첫 번째 저서인 『당신의 삶도 이미 베스트셀러이다』를 읽고 이메일을 발송하게 되었다며, 같은 교사로서 매우 친근감이 들었다는 것이다. 퇴직하려면 앞으로 5년 정도 남았는데, 자신도 퇴직할 무렵 책을 출간할 마음으로 2001년부터 써놓은 25편의 글에 새롭게 글을 더 써서 출간 시기를 앞당겨보고 싶다는 내용이었다. 카페에서 만난 후 책 쓰기 코칭에 들어갔고, 2025년 3월 1일 『이서영 교장쌤의 오늘도 가슴

뛰는 삶』이 출간되었다. 필자가 추천사를 이렇게 썼다.

"고대 그리스 신화 스토리텔러이자 교육자인 미국 작가 이디스 헤밀턴(Edith Hamilton)은 퇴직을 준비하면서 한 권의 책을 쓰기로 마음먹었다. 어릴 때부터 즐겨 읽었던 고대 그리스 신화와 비극 작품들을 독자들이 쉽게 이해할 수 있도록 정리하는 것이다. 그녀는 볼티모어에 있는 브린 모어 여학교 교장으로 25년간 봉직하고, 60세에 은퇴한 후 드디어 책을 쓰기 시작했다. 63세가 되던 1930년, 『고대 그리스인의 생각과 힘』이란 책 제목으로 생애 첫 작품을 발표한다. 이 책은 '고대 그리스 세계'를 20세기의 독자들에게 생생하게 보여 주면서 뜨거운 호응을 얻었고, 그녀는 순식간에 스타덤에 올랐다. 그리고 백악관 강연에 초청받는 유명 강사가 되었다. 헤밀턴은 이렇게 새로운 인생 2막을 시작하면서 고백하기를, '우리의 과거는 그저 서막에 불과할 뿐이다.'라고 했다. 뜻을 세우고 자신의 삶을 변화시키는 여러 방법 중에 책 쓰기만큼 탁월한 것은 없다.

여기 이서영 작가 또한 현재 초등학교 교장으로, 퇴직을 준비하면서 책을 출간하기로 마음먹었다. 36년간 교직에 있으면서 여행하듯이 살아온 가슴 뛰는 삶을 한 권의 책으로 엮은 것이다. 이렇게 은퇴를 앞두고 개인 저서를 남기고 싶은 마음은 인지상정이리라. 이디스 헤밀턴이 그랬고, 필자가 그랬으며, 이서영 작가가 그렇다. (이하 생략)"

책을 쓰는 사람치고 열정적으로 살아오지 않은 사람은 없다. 저서는 곧 그 사람이며, 이 세상에 남기고 가는 최고의 유산이다. 이 귀한 유산을 많은 사람이 남길 수 있도록, 다음 이탈리아 속담처럼 최선을 다하여 코칭할 생각이다.

"교사란 자신을 태움으로써 다른 사람을 밝게 비춰주는 초와 같다."

어느 작가가 내게 이렇게 말했다. "작가님을 만나 영광입니다. 작가님 덕분에 글을 쓸 수 있었고, 드디어 마무리했어요.", "책을 출간하게 된 것은 다 작가님 덕분입니다." 어느 작가는 "작가님이 코칭한 후 비로소 책이 되었습니다. 두세 번 읽었는데, 매우 좋습니다." 했다. 어느 작가는 "누구든지 책 쓰기를 처음 시작할 때, 작가님을 만나 코칭을 받는 사람은 행운을 얻는 사람입니다. 저의 책 출간, 작가님 덕분입니다." 했다. 또 어느 작가는 "작가님의 매직손을 오늘도 기대합니다." 했다. 이런 칭찬들이 책 쓰기 코칭에 큰 힘이 되었다.

초보 작가들은 로버트 프로스트(Robert L. Frost)가 한 다음 말을 생각하면서 글을 썼으면 한다. "작가에게 눈물이 없다면 독자에게도 눈물이 없다. 작가에게 놀람이 없다면 독자에게 놀람이 없다."

작가의 눈물과 놀람으로 책을 써서 독자들이 진정 원하는 양서(良書)들이 계속 쏟아져 나오길 기대한다.

교직에 있을 때보다 은퇴한 후 책 쓰기 코칭하면서 삶의 만족도가 더 높아졌다. 정해진 시간에 출·퇴근하지 않으니 시간에 얽매일 필요가 없고, 어른들을 코칭하니 말 안 듣는 학생이 없다. 자유롭게 책 쓰기 코칭하면서, 20여 년 전에 배우고 싶었던 수영 레슨도 받고 있으니 얼마나 즐거운 삶인가. 자유형, 배영, 평영, 접영을 모두 배웠다. 이렇게 꾸준히 수영하니, 최고혈압이 141mmHg이었던 것이 지금은 128mmHg로 낮아졌고, 근육이 생겼으며 피부에 탄력도 생겼다. 이보다 더 보람 있고 행복할 수는 없다. 삶은 역시 자신이 만들어가는 것이다.

> **적용** 인생 2막을 계획하고 있다면, 어떤 일을 하고 싶은가? 그리고, 수명 연장에 도움이 되는 운동으로, 1위 스쿼트 8.9년, 2위 테니스와 배드민턴 6.7년, 3위 수영 5.4년, 4위 등산 4.8년, 5위 빨리 걷기 4.2년, 6위 탁구 3.2년, 7위 계단 오르기 2.1년인데, 인생 2막에 어떤 운동으로 수명을 늘리고 싶은가?

* 04 *
오직 행복하라는 숙제뿐

일생에 한 번 있을까 말까 한 큰 행운보다 날마다 일어나는
소소한 편안함과 기쁨에서 행복을 더 많이 찾을 수 있다.
– 벤저민 프랭클린(Benjamin Franklin)

초등학교 시절, 담임선생님이 숙제를 내주시면 귀가하자마자 숙제부터 했다. 마음만 먹고 하면 30분 이내에 마칠 수 있어, 마루에 책가방을 놓자마자 숙제했다. 그리고 동생을 돌보든지 집안일을 도왔다.

중학교 시절은 어땠을까? 학교에서 돌아오면 공부하고 싶어도, 숙제하고 싶어도 마음 편히 할 수 없었다. 어머니께서 늘 밭에서 일하시는데, 공부하겠다고 책상 앞에 앉아 있기가 매우 불편했다. '숙제는 밤에 하면 돼' 하고 밭으로 달려가, 어머니와 함께 김을 매곤 했다. 물론 밤에는 낮에 일한 후유증으로 피곤이 몰려와, 졸음과 싸워야 했다.

고등학교 시절은 어땠을까? 고등학교는 그 당시 유학 갔다고 할 정도로, 집에서 멀리 떨어진 천안여고에 들어갔다. 그 덕분에

밭일에 대해서는 걱정만 할 뿐 일하느라 시간을 뺏기지 않아도 되었다. 언제든 자취방에 돌아와 마음만 먹으면 얼마든지 공부할 수 있었다. 그런데 커다란 숙제가 하나 생겼다. 초등학교와 중학교 시절에는 귀가하면 '엄마'하고 부르면서 집에 뛰어 들어가곤 했는데, 자취방에는 엄마가 계시지 않았다. 그래서 엄마 보고 싶은 마음을 달래는 것이 고1 때의 가장 큰 숙제였다. 예산이 고향인 친구는 이 숙제를 해내지 못하고 결국은 예산여고로 전학 가고 말았는데, 이 친구처럼 나도 하마터면 숙제하지 못할 뻔했다.

대학교 시절은 어땠을까? 대학 공부도 절대 만만치 않았지만, 학비 마련이 가장 큰 숙제였다. 이 숙제를 해결하고자 장학금을 받으려고 공부도 열심히 해보았지만, 학과 수석을 차지하기란 쉬운 일이 아니었다. 억척스럽게 공부하는 재수생들이 있어, 차석에 만족해야만 했다. 그나마 차석장학금도 항상 내 것은 아니어서, 아르바이트를 해야만 했다. 초등학생들 과외는 대학교 4년 내내 했으며, 방학 때는 은행 업무, 경찰서 업무 등 쉬지 않고 아르바이트를 해야만 했다.

그러면 어른이 되어서는 직장에 다니며 편안하게 생활했을까? 어른들에게는 더욱 복잡한 숙제가 기다리고 있었다. 자녀 교육 문제, 인사이동으로 인해 자녀와 떨어져 있는 문제, 인간관계에서 비롯되는 문제 등 끝이 없었다. 그중 가장 어려운 숙제가 인간관계에서 비롯되는 문제로, 쉽게 해결되지 않는 숙제였다.

그런데 학창시절이든 어른이 되어서든 계속해서 주어지는 공통적인 숙제가 있다. 바로 '행복하라'는 숙제다. 국어사전에서 '행복'을 찾아 보니, "복된 좋은 운수, 생활에서 충분한 만족과 기쁨을 느끼어 흐뭇함. 또는 그러한 상태"라고 적혀 있다. 지금 충분한 만족과 기쁨을 느끼며 흐뭇하게 살아가고 있는가? '행복하라'는 숙제를 잘 해내고 있는가? 엘리자베스 퀴블러 로스와 데이비드 케슬러가 지은『인생 수업』을 류시화 씨가 번역했는데, 시작하는 글에 이런 내용이 있다.

"죽음을 눈앞에 둔 사람들은 위대한 가르침을 주는 교사들이다. 삶이 더욱 분명하게 보이는 것은 죽음의 강으로 내몰린 바로 그 순간이기 때문이다. 그들이 들려주는 교훈은 인간의 삶에 대한 진실이다. 호스피스 운동의 선구자이며 20세기를 대표하는 정신의학자인 엘리자베스 퀴블러 로스와 그녀의 제자 데이비드 케슬러는 누구도 하지 못한 일을 해냈다. 두 사람은 죽음 직전의 사람들 수백 명을 인터뷰해, '인생에서 꼭 배워야 할 것들'을 받아 적어 살아있는 우리들에게 강의 형식으로 전하고 있다."

그러면 '인생에서 꼭 배워야 할 것들'이 무엇일까? 여러 가지가 있지만, 그중 가장 중요한 것이 '행복하라'이다. 백과사전에 "행복은 희망을 그리는 상태에서의 좋은 감정으로, 심리적인 상태 및 이성적 경지 또는 자신이 원하는 욕구와 욕망이 충족되어 만족하거나, 즐거움과 여유로움을 느끼는 상태, 불안감을 느끼지 않고 안심하는 것을 의미한다."고 했다. 행복은 이렇게 매우 주관적인 것으로, 마음에서 오는 것임을 알 수 있다. 긍정적인 사고를 지닌 사람은 늘 희망을 노래하고, 즐거움과 여유로움도 갖게 된다. 그러나 매사에 부정적인 사고를 지니면, 즐거움과 여유로움은커녕 시기와 질투가 많아지며, 거기에 욕심까지 곁들여 결코 행복한 삶을 누릴 수 없게 된다. 매사에 자족(自足)하지 못하고 살아가게 되는 것이다. 발타자르 그라시안은 그의 저서 『세상을 보는 지혜』에서 다음과 같이 행복한 자를 따르라고 했다.

"행복한 자와 불행한 자를 식별하라 그리하여 행복한 자를 따르고 불행한 자를 멀리하라. 불행은 대개 어리석음의 대가이며, 그에 가담하는 사람에게 가장 거세게 전염되는 질병이다. 아무리 작은 재앙에도 문을 열어주어서는 안 된다. 그 뒤에는 언제나 더 크고 많은 재앙이 숨어 있기 때문이다."

야고보서 1장 15절에도 이런 성경 구절이 있다. "욕심이 잉태한즉 죄를 낳고 죄가 장성한즉 사망을 낳느니라." 욕심이 많은 사람은 결코 행복한 사람이 될 수 없다. 만약 주변에 이런 사람이 있다면, 거리를 두어야 할 것이다. 욕심도 전염이 되는 질병이기 때문이다. 행복은 배우면서 만들어가는 것이다. 긍정적인 사고를 배워야 하고, 시기와 질투를 버리는 것을 배워야 한다. 욕심을 버리는 것도 배워야 하고, 자족하며 사는 것도 배워야 한다.

필자는 요즈음 인생이 즐겁고 행복하다고 감히 말할 수 있다. 중국의 사서(四書)인 논어, 맹자, 중용, 대학 중, '맹자'에 '군자삼락(君子三樂)'이 나오는데, 즉 군자삼락이란 "부모구존 형제무고 일락야(父母俱存 兄弟無故 一樂也)"로, 부모가 다 살아 계시고, 형제들이 모두 아무 탈이 없는 것이 첫째 즐거움이고, "앙불괴어천 부부작어인 이락야(仰不愧於天 俯不怍於人 二樂也)"로, 고개를 들어 위로는 하늘에 부끄럽지 않고, 고개를 내려 아래로는 사람에게 부끄럽지 않은 것이 둘째 즐거움이며, "득천하영재 이교육지 삼락야(得天下英才 而教育之 三樂也)"로, 천하의 뛰어난 인재를 얻어서 가르치는 것이 셋째 즐거움이라고 했다.

이 세 가지 즐거움에 관한 조건이 모두 충족되어, 인생이 즐겁고 행복하다고 말한 것은 아니다. 긍정적인 사고를 늘 지니려고 노력하고 있으며, 시기와 질투를 버린 지는 오래다. 가끔 욕심이 고개를 들 때가 있어, 욕심을 버리는 훈련을 꾸준히 하고 있어, 자족하는 마음이 자리를 잡아가고 있다.

칼 힐티는 그의 저서 『행복론』에서 행복의 첫째 조건을 '감사'로 꼽았다. 작은 일에도 감사하며 살아가는 사람이 행복한 사람인 것이다. 행복해서 감사하는 것이 아니라, 감사하니 행복한 것이다.

오늘도 가을 하늘에 펼쳐진 하얀 뭉게구름을 보며, 희망을 노래하고 행복을 노래하고 있다. 요즈음 글을 쓰고 책 쓰기 코칭도 하고 있으니, 얼마나 감사한 일인가. 행복한 사람은 갖고 싶은 모든 것을 다 가진 사람이 아니고, 가진 것에 만족하며 감사하는 사람이다. 행복은 만들어가는 것이고 알아차리는 것이다. 수필가이며 시인이기도 하셨던 정채봉 동화작가가 행복을 이렇게 노래했다.

"행복은 멀리 있는 것이 아니라네.
숨어 있는 것이 아니라네
행복은 지금 여기서 알아보는 것이라네."

에이브러햄 링컨(Abraham Lincoln)도 이렇게 말했다.

"인간은 자신이 행복하려고 스스로 결심한 만큼만 행복하다."

> **적용** 당신이 행복해지기 위해 지금 당장 결심하고 실천해야 할 일은 무엇인가?

★ 05 ★
삶의 비결은 오직 '감사'

감사를 배우는 과정에는 결코 졸업이 없다.
- 발레리 앤더스(Valery Anders)

SNS에 올라온 영상에, 97세 되신 할머니께 손녀가 질문했다.

"할머니! 장수비결이 뭐예요?"

"음, 내 식습관은 설탕도 많이 먹었고, 버터도 많이 먹었지. 이렇게 건강을 해치는 음식을 많이 먹었단다. 그런데, 평생 건강했고 행복했단다. 장수비결은 하루를 마무리할 때, 모든 일에 항상 감사하는 것이었단다."

1970년대 중반, 포포프(Popov) 부부가 창안하여 만든 인성교육 프로그램이 있다. 바로 버츄 프로젝트(The virtues project)로, 인간 생활에 꼭 필요한 소중한 미덕(virtue)인 사랑, 감사, 겸손, 배려, 화합 등 52가지를 선별하여 완성한 것이다. 이 중 '감사카드'의 전문은 이렇다.

"감사는 우리가 가진 것을 고맙게 여기는 태도입니다. 우리가 배우고 사랑하고 존재하는 것에 고마움을 느끼는 것입니다. 당신은 당신 주변과 마음속에서 매일 일어나는 작은 일에 감사할 수 있습니다. 항상 긍정적으로 생각하세요. 감사하는 마음을 품으면 만족하게 됩니다. 자신이 누리는 삶이라는 이름의 선물을 음미해보세요. 다른 사람을 부러워하기보다는 자신의 능력을 고맙게 여겨보세요. 일상에서 마주치는 어려움을 새로운 배움의 기회로 삼으세요. 누군가 당신에게 뭔가 주고 싶어 하면 감사한 마음으로 기꺼이 받으세요. 매일 당신이 누리고 있는 축복을 세어보세요."

그렇다. 지금 누리고 있는 축복을 세어보면, 감사하지 않을 수 없다. 축복을 축복인지도 모르고 지나칠 때가 얼마나 많은가. 나쁜 일과 좋은 일을 동시에 만났을 때, 어느 것에 더 마음을 두었는가? 감사는 선택이다.

여기 좌절과 분노 대신에 '감사'를 선택한 인물이 있다. 남아프리카공화국의 첫 흑인 대통령인 넬슨 만델라(Nelson Rolihlahla Mandela)이다. 그는 변호사로 있을 당시 인종차별에 맞서 흑인의 인권을 찾기 위해 싸우다가 체포되어 감옥에 갇혔다. 그가 몇 년 동안 감옥살이를 했을까? 7년도 아니고 17년도 아닌 무려 27년이라는 긴 세월이다. 46세에 들어가 73세에 출소했으니, 인생의 거의 1/3을 감옥에서 보낸 것이다. 전 세계 정상 중에서 옥살이를 가장 오랫동안 한 사람이다.

만델라가 옥살이를 마치고 출소하던 날, 각국의 외신기자들이 취재하기 위해 몰려들었다. 기자들은 그가 매우 허약해진 모습으로 출소할 것으로 생각하며, 교도소 앞에서 기다리고 있었다. 그런데 생각과는 전혀 달리, 고령인데도 밝고 건강한 모습으로 걸어 나오는 것이 아닌가. 그 모습을 보고 모두 깜짝 놀랐다. 한 기자가 다가가 질문했다.

"다른 사람은 5년만 감옥살이를 해도 건강을 잃는데, 어떻게 27년간이나 옥살이를 하고서도 건강하실 수 있습니까?"
만델라가 웃으면서 대답했다.
"저는 감옥에서도 항상 감사하는 마음을 잊지 않았습니다. 중노동을 나갈 때, 넓은 대자연으로 나간다는 즐거움으로 일을 즐겼습니다. 그러잖아도 운동량이 부족한데, 강제노역이라는 명목으로 운동까지 시켜주니 얼마나 감사합니까? 하늘을 보고 감사했고, 땅을 보고 감사했습니다. 남들은 감방에서 좌절과 분노를 삭였지만, 저는 마음을 내려놓고 용서했습니다. 매 순간 감사했습니다. 물을 마실 때도, 음식을 먹을 때도, 강제노동할 때도 감사했습니다. 그랬더니 세상의 모든 즐거움이 저를 감쌌습니다."

그 후 그는 대통령에 당선되고 노벨평화상까지 수상했다. 그가 남아프리카공화국에서 평등선거 시행 후 뽑힌, 세계 최초의 흑인 대통령이다. 감사의 마음이 기적을 일으킨 것이다.
우리가 살다 보면 고통을 당하는 게 특별한 일도 아니다. 누구나 겪는 흔한 일이기 때문이다. 그래서 고난에 대한 교훈이 많이 생겨났는데, 동양의 탈무드로 불리는 『채근담』의 저자 홍자성이 말하기를, "하늘의 뜻은 예측하기 어렵다. 시련을 주는가 하고 생각하면 영달(榮達)을 주기도 하고, 영달을 주는가 하고 생각하면 다음은 또 시련을 준다."고 했다. 이러한 사실은 우리에게 매우 중요한 교훈을 준다. 인생이란 시련만 겪으라는 법 없고, 영달만 누리라는 법도 없다는 것이다. 그러니 시련은 더 이상 두려운 것도, 무서운 것도 아니다. 시련을 겪을 때, 곧 영달이 찾아오겠거니 하며 미리 감사하는 것이다. 넬슨 만델라처럼 감사를 선택하는 것이다. 이 교훈을 깨닫지 못할 때, 인생은 긴 고통의 터널을 더 지나가야 한다.

바다에 부는 바람은 거세나 그 바람으로 배가 앞으로 나아가듯이, 우리 인생도 시련을 통하여 인생을 더 풍요롭게 하고 행복하게 만든다는 사실을 알아야 한다. 우리가 시련을 겪을 때, 감사를 선택해야 하는 이유가 바로 여기에 있다. 감사는 자신이 겪는 시련에 대한 의미를 발견하도록 도와주기 때문이다.

프랑스의 문호 빅토르 위고(Victor Hugo)는 나폴레옹 3세의 혁명을 비판했다는 정치적 이유로 48세가 되던 해에 게르세이섬으로 추방당하는 억울한 일을 당했다. 그는 외딴 섬에서 1년도 아니고 2년도 아닌 20년 동안 유배 생활을 하게 되었을 때, 그를 아는 모든 사람이 그의 인생이 끝났다고 생각했다. 그러나 그렇게 생각하지 않은 단 한 사람이 있었다. 바로 빅토르 위고 자신이다. 그는 유배 생활이 인생의 끝이 아니라, 그동안 시간이 없어 쓰지 못했던 글을 쓸 수 있는 시간을 얻어 감사했다고 고백했다. 유배지에서 창작의 시간을 얻어, 장발장을 주인공으로 한 그 유명한 『레미제라블』을 쓰게 된 것이다.

미국의 존 밀턴(John Milton)은 42세 때 한쪽 눈이 실명되고, 43세 때 또 다른 한쪽 눈이 실명되어 완전히 소경이 되었다. 한쪽 눈이라도 있으면 그래도 남은 눈이 있으므로 위로가 될 텐데, 두 눈을 다 잃은 것이다. 모든 사람이 다시는 그가 글을 쓸 수 없을 것으로 생각했지만, 존 밀턴은 오히려 자신에게 여전히 글을 생각해 낼 수 있는 머리와 글을 써나갈 수 있는 손이 있음에 감사했다. 그렇게 잃은 것보다 남은 것에 감사하며, 그는 간절하게 기도했다. "제가 두 눈이 멀어 이 세상은 보지 못하나, 이 두 눈으로 보지 못했던 신령한 하늘을 볼 수 있는 눈을 열어주소서." 그렇게 감사의 삶을 선택했을 때, 자신에게 닥친 고난의 수수께끼를 풀 수 있게 되었다. 두 눈이 있을 때도 쓰지 못했던 세계적인 걸작 『실락원』을 저술한 것이다.

오늘 우리가 사는 이 세상은 온통 스트레스로 가득 차 있다. 어제도 스트레스를 받았고, 오늘도 받고 있다. 이렇게 날마다 받는 스트레스를 어떻게 극복해낼 수 있을까?

정신의학계 스트레스 대가(大家)인 한스 셀리에(Hans Selye)는 캐나다 내분비학자로, 1958년 스트레스 연구로 노벨의학상을 수상했다. 그가 하버드대학교에서 고별 강연을 할 때, 그 자리에는 세계적인 석학들, 박사과정생, 하버드 학생들로 대강당이 가득 찼다고 한다. 강연을 마치자 기립박수를 받으며 퇴장하려는데, 한 학생이 이렇게 질문했다. "스트레스를 해소할 수 있는 비결을 한 가지만 말씀해주십시오." 잠시 침묵을 깨고 건넨 셀리에의 대답은 "Appreciation!(감사하십시오!)" 이 한마디였다. 이 답변에 얼마나 많은 이들이 공감하고 삶의 답을 발견했는지 모르지만, 한 가지는 확실하다. 감사할 때 우리 삶 속에 가득한 스트레스는 사라지고, 시련을 헤쳐나갈 힘을 얻게 된다는 사실이다. 왜냐하면, 감사할 때 그 시련이 가져다준 의문에 대한 답을 발견할 수 있기 때문이다. 그러므로 감사는 선택이 아니라 필수다.

아침에 눈을 뜨면서 사물이 보이고 몸이 움직이니, 살아있음에 얼마나 감사한가. 두 발로 걸어가 친구를 만날 수 있음이 얼마나 큰 축복인가. 이렇게 매 순간 감사하는 마음으로 살아가는 훈련을 해나간다면, 어느 날 시련을 겪더라도 감사하는 삶은 계속될 것이다. 메리 앤 샤렛(Mary Ann Charet)은 "감사는 언제나 첫 번째 선택이어야 한다."고 했다.

적용   요즘 삶이 힘든 중에도 감사할 일을 찾아 적어보자.

✱ 06 ✱
다른 사람의 마음을 얻는 일

> 좋은 친구가 생기기를 기다리는 것보다,
> 스스로 누군가의 친구가 되었을 때 행복하다.
> – 러셀(Russell)

음대에서 성악을 전공하고 있던 막내 남동생이, 어느 날 집에 와서 부모님께 이렇게 말씀드렸다.

"교수님이 저를 칭찬하시면서 자식을 잘 키우신 부모님이 어떤 분이신지 뵙고 싶대요."

이 말을 옆에서 들으니, '남동생이 교수님 마음에 쏘옥 들도록 대학 생활을 잘하고 있구나!' 생각이 들었다. 학교에서 근면하고 성실하게 생활했을 것이며, 선한 마음씨까지 지녔으니, 교수님의 칭찬을 들을 만하다. 대학 졸업 후, 경기도에 있는 I여자고등학교 음악 교사로 교직 생활을 시작하여, 지금은 충남에 있는 Y고등학교에서 근무하고 있다. 문서영 작가의 저서 『소금 편지』에 이런 내용이 있다.

"세상에서 가장 어려운 일은 사람의 마음을 얻는 일 같아.
각각의 얼굴만큼이나 다양한 각양각색의 마음은 순간에도
수만 가지 생각이 떠오르는데, 그 바람 같은 마음이 머물게 한다는 건
정말 어려운 거 같아."

그 바람 같은 마음이 내게 머문 학생은 없었을까? 34년 교직 생활을 돌아보니 잊을 수 없는 제자들이 많이 있지만, 그중에 이유연 학생을 결코 빼놓을 수 없다. 언제나 예의 바른 말씨와 행동, 바른 수업 태도 그리고 올곧은 신앙생활 등 어딘가 흠잡으려 애써봐도 나무랄 데가 한 군데도 없는 학생이다. 학교 수업 시간이나 복도에서 마주칠 때마다 '어쩜 저리도 자식을 잘 키우셨을까?' 생각했다. 초등학교 시절에 배운, 권태응 아동문학가가 지은 동시 '감자꽃'에 이런 시구가 있다.

"자주 꽃 핀 건 자주감자

파 보나 마나 자주감자"

감자꽃을 보면, 무슨 색 감자인지 알 수 있다. 자주색 꽃은 파 보나 마나 자주감자이고, 하얀색 꽃은 파 보나 마나 하얀 감자이다. 이 시는 일본이 우리나라 사람들의 성과 이름을 바꾸려는 창씨개명에 저항한 시다. 초등학교 시절에는 그저 내용이 재미있고, 운율이 느껴져 암송하면서 집 뒷밭에서 감자를 캤다. 이 감자꽃처럼, 유연이 부모님을 뵈나 마나 분명 훌륭한 분이시리라.

이 학생은 두뇌도 좋지만, 최선을 다해 공부하는 모습이 인상적이었다. 수업 태도가 한마디로 만점이다. 당시 고3 국어를 가르칠 때인데, 수업 중에 의문이 생기는 내용이 있으면 꼭 질문하여 궁금증을 해결하곤 했다. 다른 학생들은 수업 태도가 흐트러질 때도 있는데, 이 학생은 3월부터 수능시험을 치르기 바로 전날까지, 꼿꼿하게 앉아 수업에 집중했다. 피곤하면 잠시 엎드려 있을 수도 있는데, 그런 모습을 보인 적이 없다. '다른 학생들과는 달리 밤에 잠을 충분히 자나 보다.'라는 생각이 들 정도였다. 그렇게 열심히 공부하니, 수업 시간에 시선이 절로 유연이에게로 갈 수밖에 없다. 이렇게 초롱초롱한 눈으로 공부한 결과, 언어영역 성적이 어땠을까? "자주 꽃 감자 파 보나 마나"이듯, 언어영역 점수 받아보나 마나이다. 수능시험을 치른 날 저녁에 전화해보았다.

"오늘 수능 치르느라 수고 많이 했어."
"선생님! 저 언어영역 1등급이에요. 감사합니다."

여러 말이 필요 없었다. 전화한 의도를 금세 알아차렸다. 1등급이라는 말을 듣는 순간 얼마나 기쁘던지, 지난 1년간 쌓였던 피로가 쫙악 풀렸다. 성실하게 공부하더니, 결국 수능시험에서 1등급을 받은 것이다. 자신이 할 수 있는 데까지 최선을 다하여 공부하고, 그 결과는 하늘에 맡긴 학생이다. 진인사대천명(盡人事待天命)이다. 이 말은 『삼국지(三國志)』의 '수인사대천명(修人事待天命)'에서 유래한 말로, 인간으로서 해야 할 일을 다 하고 나서 하늘의 명을 기다린다는 뜻이다. 어떤 일에 성공하고자 한다면, 절대적으로 노력이 필요하다는 말이다. 이렇게 학생 중에는 교사들 마음에 쏘옥 들어, 어떤 교사는 며느리 삼고 싶은 학생이 어느 반에 있다느니, 사위 삼고 싶은 학생이 어느 반에 있다느니 하는 말들이 교무실에서 오가곤 했다.

그럼 나는 어떤 사람일까? 나도 남동생처럼, 이유연 학생처럼 누군가의 마음에 쏘옥 들도록 행동하며 살아왔는가? 생각해 보니, 이런 말들을 여러 차례 들은 적 있다. "선생님은 참 좋은 사람이에요. 상대방을 편안하게 해주세요. 말씀도 예쁘게 해주세요. 늘 본을 보이세요." 최근에는 이런 말도 들었다. "작가님을 보니, 부모님 품성도 좋으실 것 같아요. 대개 자식은 부모님 닮잖아요." 했다. 이 말을 들으니, 우리 집 '가훈'이 생각났다. '성실(誠實)'이다. 부모님은 늘 자식들에게 "정직하고 성실하라."고 가르치며 몸소 본을 보이셨다.

교직에 있었을 때, 교직원들과 학생들 그리고 학부모님들의 마음을 얻는 일이란 그리 쉽지 않았다. 특별히 담임으로서 맡은 반 학생과 모든 학부모님의 마음을 얻는 일이란 하늘의 별을 따는 것과 다름없었다. 대부분의 학부모님이 친정어머니 같았지만, 가끔은 장학사 같은 학부모도 있었고, 시누이 같은 학부모도 있었기 때문이다.

학교 업무 중, 가장 힘들었던 일이 여학생들의 생활지도와 복장지도였다. 이 업무를 맡으니, 해가 갈수록 내 성격이 점점 거칠게 변하고 있었다. 다른 부서로 이동하고 싶다고 해도 소용없었다. 이렇게 학생부에서 10년 동안 여학생들을 지도하다가, S고등학교로 발령이 나면서 이 업무를 끝마치게 되었다. 어떤 여학생은 스커트 허릿단을 두 번 접어 올려 입는가 하면, 어떤 여학생은 아예 세탁소에 가서 치마 길이를 줄여 입기도 했다. 여학생 복장 지도를 맡은 교사로서, 노출이 심한 복장으로 등교하는 여학생의 모습을 보고 그냥 내버려 둘 수가 없다. 어느 날, 한 여학생이 교복 치마 길이를 아주 짧게 줄여 초미니스커트로 등교하는 것이었다. 그런 옷차림으로 계단에 오를 때면 눈을 어디에 두어야 할지 몰라 몹시 당황한다. 그래서 지도했는데, 다음 날에도 또 그다음 날에도 계속 초미니스커트로 등교하는 것이다. 마지막 지도방법으로 어머니께 도움을 요청하려고 전화를 걸어, 조심스럽게 치마 길이에 대해 말을 꺼냈다. 그런데 뜻밖의 고성이 들려왔다. 간섭하지 말고 그냥 내버려 두라는 것이다. 교직 생활 중에 처음 있는 일이었다. 며칠 후 그 여학생의 아버지로부터 전화가 걸려왔다. "선생님! 죄송합니다. 얘기 들었어요. 저도 힘듭니다."라고 토로하셨다.

사람의 마음을 얻기 위해서는 때로는 묵묵히 기다릴 줄 알아야 했다. 시시각각으로 변하는 학생들의 마음, 특히 여학생들의 그 바람 같은 마음을 이해하기 위해서는 태평양 바다가 돼야 했다.

하지만 일반적인 삶을 생각해볼 때, 우리가 다른 사람의 마음을 얻기 위해 침묵하는 것보다 훨씬 더 유용한 방법이 있다. 자동차 판매 영업직에 종사하는 분들이라면 누구나 알고 있는 자동차 판매왕 조지 라드는 생전에 무려 13,001대를 판매해 기네스북에 등재된 유명한 전 세계 자동차 판매왕이다. 자동차 판매왕이라 불리기까지 그가 가장 힘쓴 것은 고객들의 마음을 얻는 것이었다고 한다. 그럼 어떻게 해서 그는 고객들의 마음을 사로잡을 수 있었을까? 바로 '칭찬의 힘'이다. 그는 고객들을 언제나 칭찬함으로써 고가의 자동차를 판매하는 데 기꺼이 지갑을 열게 할 수 있었다고 한다.

박경미 작가의 저서 『알바생이 어떻게 부사장이 되었을까?』가 2024년 3월 20일에 출간되었다. 박 작가와 이런 문자를 주고받았다.

"감사한 아침입니다. 〈예스24〉에서 제 책이 CEO/비즈니스맨 분야 베스트셀러 48위입니다. 지인들의 힘이겠지요, 독자분들의 피드백도 감동적입니다."

"네! 저도 눈 뜨자마자 확인하곤 합니다. 축하합니다."

"오늘 〈서울경제〉 신문 편집국 기자가 인터뷰 요청하여, 다음 주 화요일에 하기로 했습니다. 제 책을 읽고 좋다면서 출판사 대표님께 연락이 왔더랍니다."

"와! 축하할 일이 계속 생기네요. 좋은 일들이 계속 이어지길 바랍니다."

"모두가 책 쓰기 코칭을 해주신 작가님 덕분입니다."

가만히 되돌아보니, 박 작가는 책 쓰기 코칭을 받는 내내 '작가님 덕분입니다'라는 말을 수없이 했다. 그렇게 그 말을 많이 들었는데도, 들으면 또 기분이 좋아졌다. 그 칭찬에 힘을 얻어 기쁘고 즐겁게 책 쓰기 코칭을 했다. 내가 코칭을 잘했다기보다, 코칭을 잘할 수 있도록 박 작가가 나를 칭찬으로 이끌었다.

다른 사람의 마음을 얻는 일은 스스로 성실하게 생활한다든지, 묵묵히 기다려준다든지, 칭찬한다든지 등을 통해서다. 비싼 비용을 들이지 않아도 되는, 마음만 먹으면 얼마든지 가능하다는 것을 사람들이 안다면, 우리 삶이 더욱 풍요롭고 행복해질 것이다.

> **적용** 다른 사람의 마음을 얻어, '나'를 신뢰한다는 말을 들어본 적 있는가?

★ 07 ★
멋진 삶은 오늘 내 안에 있다

미래는 현재 우리가 무엇을 하는가에 달려 있다.

마하트마 간디 (Mahatma Gandhi)

　단 한 번뿐인 삶! 어떻게 살아야 '후회 없는 삶'을 살 수 있을까? 어떻게 살아야 '멋진 삶'을 산다고 말할 수 있을까? 사람들은 멋진 삶을 꿈꾸며 살지만, 누구나 멋진 삶을 살지는 못한다. 왜 그럴까? 시작하는 것을 미루거나, 시작은 했어도 게으름을 피우기 때문이다. 이런 사람에게는 멋진 삶을 기대하기는커녕, 시시한 삶을 살게 될 뿐이다.

　그리스의 철학자 아리스토텔레스는 인생에서 가장 중요하고도 최종적인 삶의 목표는 '행복'이라고 했다. 그러면 행복의 조건에는 어떤 것들이 있을까? 소크라테스의 제자이며 아리스토텔레스의 스승인 플라톤은 행복의 조건을 이렇게 제시했다. 자신이 살고 싶은 수준에서 조금 부족한 재산, 다른 사람과 경쟁하여 한 사람에게 이기고 두 사람에게 질 정도의 체력, 모든 사람이 칭찬하기에는 약간 부족한 용모, 사람들이 절반 정도밖에 알아주지 않는 명예, 자신의 연설을 듣고서 청중의 절반은 손뼉을 치지 않는 말솜씨이다. 즉, 조금 부족하고 모자란 상태가 행복의 조건이며, 그 부족한 부분을 채우기 위해 날마다 노력하면서 마음을 행복하게 할 수 있는 자만이 행복을 얻는다고 했다.

지금 조금 부족한 부분을 채우기 위해 날마다 노력하고 있는가? 조금 부족한 부분이 몇 가지 있다면, 이미 행복의 조건을 갖춘 셈이다. 그 부족한 부분을 채우면서 기쁨을 느끼며 살고 있다면, 행복한 삶을 사는 것이다.

행복의 조건은 갖추었지만, 아무것도 하지 않는 사람도 있을 것이다. 이제 그 부족한 부분을 채우기 위해, 무엇부터 시작해야 할까? 지금 당장 할 수 있는 작은 행동부터 시작해보는 것이다. 먼저 자리에서 일어나 창문을 열고, 실내 환기를 시키며 방 청소부터 하자. 그다음 무엇을 해야 할지 모른다면 밖에 나가 걷자. 밖에서 시원한 공기를 마시며 걷다 보면 무엇을 해야 할지 들꽃이 말해줄 것이고, 흐르는 시냇물이 말해줄 것이다. 들꽃도 아니고 시냇물도 아니라면, 물속에서 놀다가 푸드덕 날아오르는 흰뺨검둥오리가 말해줄 것이다. 니체가 말하기를 "모든 위대한 사상은 산책에서 잉태되었다."고 했다. '위대한 사상'은 차치하고라도 산책하면서 자신의 미래를 구상해본다면 답을 얻을 것이다.

〈흰뺨검둥오리〉

    세상 모든 이에게 똑같이 주어진 하루 24시간, 이 한정된 시간을 어떻게 보내느냐에 따라 삶이 달라진다.

    올 이른 봄에 천변을 산책하다가 언덕에 피어난 아주 작고도 예쁜 꽃을 발견하고 사진 몇 컷을 찍었다.

〈봄까치꽃〉

아직은 추위가 채 가시지 않아 옷깃을 여미고 밖에 나갔는데, 이 풀꽃이 봄의 전령사 노릇을 톡톡히 하고 있었다. 자세히 보니 앙증맞게 생긴 꽃이 얼마나 예쁘던지, 사랑스럽기까지 하여 나태주 시인의 시 〈풀꽃〉이 생각났다.

"자세히 보아야
예쁘다.

오래 보아야
사랑스럽다.

너도 그렇다."

여동생에게 이 사진을 전송하면서, "너도 이 꽃처럼 예쁘다."고 했다. 그리고 "나도 그렇다."고. 이날 내가 이 풀꽃 같다는 생각이 처음으로 들었다. 작고 여리지만, 한겨울 그 매서운 눈보라를 다 이겨내고 이른 봄에 피어난 이 꽃처럼, 그동안 얼마나 많은 어려움을 감내해왔던가. 내게는 깡다구가 있다. 시베리아 벌판에 내려 놓아도 살아 돌아올, 악착같이 버텨내는 힘을 이 작은 체구에 지니고 있다.

천변을 거닐면서 올해 계획을 다시 한번 점검했다. 책 쓰기 코칭, 신문 칼럼 쓰기, 네 번째 책 쓰기, 수영 배우기, 피아노 연주 등.

특별히 수영은 어려우면서도 재미있다. 25년 전부터 배우고 싶었는데, 드디어 시작한 것이다. 꿈을 계속 간직하고 있으면 반드시 실현할 때가 온다고 괴테가 말했다. 그리고 탈무드에 승자의 주머니 속에는 꿈이 있고, 패자의 주머니 속에는 욕심이 있다고 했다. 난 승자다. 레슨을 받으면서 물 위에 뜨고 앞으로 나아갈 때 작은 성취감을 맛보니 행복하다. 새로운 것을 배운다는 것은 늘 가슴 설레는 일이다. 마하트마 간디가 말하기를 "내일 죽을 것처럼 살고, 영원히 살 것처럼 배우라."고 했는데, 요즈음 그렇게 수영을 배우고 있다. 한여름 전신운동으로 최고이고 뇌 활동도 활발해지니, 치매 예방에도 좋으리라. 피아노 연주는 레슨 받는 것은 아니고, 어머니를 위해 동요 한 곡씩 악보를 암기하여 연주해드리고 있다.

　사람들이 당신을 만났을 때 기뻐하는가? 당신을 만난 후 집에 돌아가서도 행복했었다는 전화를 받아보았는가? 당신을 만난 일이 행운이라고 말하는가? 당신의 미소에서, 당신의 말 한마디에서 사랑을 느끼고 또 만나기를 원하는 사람들이 주변에 있다면, 멋진 삶을 사는 것이다. 지금 당신 옆에 있는 사람이 삶에 지쳐 힘들어하고 있다면, 사랑을 표현해보길 바란다. 그리하여 당신으로 인해 삶의 용기가 생기고 행복해졌다면, 오늘 위대한 일을 한 것이다. 마틴 루터 킹 2세가 말했다.

"누구나 위대한 사람이 될 수 있다. 왜냐하면, 남에게 필요한 존재가 될 수 있으니까. 대학을 가고 학위를 따야만 남에게 필요한 존재가 되는 건 아니다. 학식 있고 머리가 좋아야만 그렇게 할 수 있는 것도 아니다. 사랑할 줄 아는 가슴만 있으면 된다. 영혼은 사랑으로 성장하는 것이니까. 그리고 이것은 진실이니까."

이 땅에서 필요하지 않은 존재는 아무도 없다. 누구나 사랑할 줄 아는 가슴이 있으니. 오늘 내가 만나는 사람에게 다정한 미소, 따뜻한 말 한마디를 건네보길 바란다. 그 사람은 자신의 인생 계획에 당신을 넣어두고, 앞으로 당신을 도울 준비를 하게 될 것이다. 그리고 머지않아 행운의 소식을 들려줄 것이다.

오늘 자신의 부족한 부분을 채우면서, 한 번 더 웃고 한 번 더 애정 어린 눈빛을 나누며 살아가길 바란다. 멋진 삶은 오늘 내 안에 있다.

> **적용**   오늘 만나는 사람에게 건네고 싶은 따뜻한 말 한마디를 적어보자.

5장
삶! 깨달음

* 01 *
어른들의 칭찬이 아이의 재능을 살린다

모든 예술가는 칭찬받기를 좋아하는데, 그들에게는 그 시대의 사람들에게 받는 칭찬이야말로 예술가가 받는 보답 중에서 가장 가치 있는 일이다.
– 루소(Jean Jacques Rousseau)

　식물 성장에 꼭 필요한 요소는 무엇일까? 햇볕, 공기, 수분 등 여러 가지가 있지만, 그중에서도 중요한 것이 햇볕이다. 햇볕이 쨍쨍 내리쬐는 곳은 풀이 무성하지만, 콘크리트 육교 아래는 풀 한 포기 없다. 자갈과 모래뿐이다. 이와 마찬가지로 아이들 성장에 꼭 필요한 것, 식물 성장에서 햇볕과 같은 것이 어른들의 칭찬이다. 어른들의 칭찬이 아이를 성장하게 하고 재능을 살린다. 영국의 인류학자이자 고고학자였던 존 러벅의 말이 입증하고 있다. "칭찬은 영혼의 햇살이다."라고.
　자신이 어느 분야에 잘한다는 칭찬을 받아본 적 있는가? 칭찬 받은 그 분야에 초점을 맞춰 몰입해 본 적 있는가? MBN 현역 가왕에서 1등을 차지한 포항 출신 트로트 가수 전유진은 트로트를 하기 전에는 자신이 쓸모없는 사람인 줄 알았다는 것이다. 그런데

중학생 때 트로트를 하면서 처음으로 노래 잘한다는 칭찬을 받았고, 그 후부터는 자신에 대해 달리 생각하게 됐다고 한다. "지금 잘하고 있으니 계속 노래해봐", "트로트의 재목이다." 이렇게 심사위원들의 아낌없는 칭찬으로 트로트에 몰입한 결과, 2024년 17세의 어린 나이에 제1대 현역 가왕의 자리에 등극하게 된 것이다.

그동안 필자는 어떤 칭찬을 받으면서 성장했는지 되돌아보았다.
초등학교 3학년 때에는 일기를 잘 써서 최우수상을 받았다. 월요일 아침, 전교생이 운동장에 모였는데, 시상식이 있다는 것이다. 이어 선생님이 내 이름을 불렀다. 고학년생이 많아 전혀 예상하지 못했었다.
5학년 때에는 교대를 갓 졸업하고 부임하신 윤택중 선생님이 우리 담임이 되었다. 바이올린과 오르간 연주를 잘하여 음악 수업을 재미있게 하셨다. 그리고 독창 및 합창대회를 준비시켜 교외대회에도 참가시켰다. 선생님은 내 목소리가 곱다며 독창 연습도 시켰고, '국기에 대한 맹세문' 낭독을 연습시켜 녹음도 하셨다. 우리 집이 바로 학교 앞이었기에 방과후에 오르간을 가르쳐주겠다며, 방송실에서 약속한 음악을 내보내면 곧장 학교로 달려오라고도 하셨다. 그 후, 약속한 음악이 온 동네에 울려 퍼졌고, 학교로 달려가 오르간 앞에 앉았다. 그때 피아니스트가 된 듯 가슴이 뛰었다. 그런데 아쉽게도 동생을 돌봐야 했으므로, 시간을 더는 내지 못했다. 어머니는 미안해하시면서 시집갈 때 장롱 대신 오르간을 사주겠다고 하셨고, 그 말씀에 위로 삼아 배우고 싶은 열망을 달랬다.

중학교에 들어가서는 독후감 쓰기 교외대회에 뽑히면서 국어에 더욱 관심이 생겼다. 황순원의 단편 소설 『소나기』를 배울 때는 소년과 소녀의 순수한 사랑을 생각하며 읽었는데, 잘 읽었다고 칭찬을 들었다. 그래서 어느 동창생은 '소나기' 하면 내가 떠오른다고 했다. 미술 시간에는 목탄으로 아그리파상을 그렸는데, 명암을 잘 살렸다고 이재홍 미술 선생님으로부터 칭찬을 받았다. 교실에서 정물화도 그렸는데, 교탁을 먼저 그린 다음 꽃병을, 그다음은 백합꽃을 그렸다. 흰 꽃이므로 흰 도화지에 꽃잎 실루엣만 붓으로 살짝 터치하여 배경을 어둡게 칠하니, 싱싱한 흰 백합꽃이 피어났다. 선생님이 내 책상 옆을 지나시면서 잘 그렸다고 칭찬해주셨다. 교내 사생대회 때는 교실 밖으로 나가 파스텔로 풍경화를 그렸는데, 그때 특선을 받았다. 음악에서는 노래 잘한다는 칭찬을 들었고, 전교생 앞에서 지휘하기도 했다. 수학 시간에는 문제 푸는 것이 재미있었다. 시험 기간이 되면 몇 친구가 내게 질문해 선생님처럼 자세히 설명해주었다. 동창회에 갔는데 무슨 과목을 가르치냐고 하여 국어라고 했더니, 수학교사가 된 줄 알았다고 했다.

고등학교 2학년 때, 담임인 박근서 선생님이 현대문학을 담당하셨는데, 서정주의 시 '국화 옆에서'를 배우면서 시에 완전히 빠져들었다. 이 시는 봄, 여름, 가을로 시상이 전개되어 '내 누님같이 생긴 꽃이여'로 귀결되는데, 봄에 소쩍새가 우는 것, 여름에 천둥이 먹구름 속에서 우는 것, 가을에 무서리가 저리 내리는 것, 내게는 잠도 오지 않았던 이 모든 것이 한 송이의 국화꽃을 피우기 위해서와 연결되었다. 이 시를 좋아해 암송했고, 윤동주의 '서시'는 물론 김춘수의 '꽃'도 암송했다. 담임선생님은 내가 글씨를 잘 쓴다고 칭찬하시면서 우리 반 60명이나 되는 가정통신문 편지봉투를 쓰라고 하여, 그걸 모두 쓰느라 팔이 빠지는 줄 알았다. 그리고 학습부장이 되어, 아침 일찍 등교하여 국어문제를 칠판에 빼곡하게 분필로 써 내려갈 때는 선생님이 된 듯했다. 고전문학은 고상만 선생님이 가르치셨다. 훈민정음, 용비어천가, 상춘곡, 관동별곡 등 얼마나 재미있게 가르치시는지, 선생님이 질문하실 때마다 대답하면서 칭찬을 들었고, 친구들이 복습할 때는 내게 와서 질문했다. 이때 성적이 가장 많이 향상되었는데, 한 과목에 흥미를 붙이니 다른 과목에도 영향을 주었다.

초·중·고 학창 시절, 칭찬을 가장 많이 들었던 공통분모가 국어다. 특별히 고등학생 때 국어를 가장 재미있게 공부했고, 잘한다는 칭찬을 많이 들어 대학은 국어국문학과에 진학했다. 어느 날, 한 교수님이 단편 소설 한 편씩 써오라고 과제를 내셨다. 대학 졸업 후 직장에 첫 출근하는 내 모습을 상상하면서 〈첫 출근〉으로 제목을 정하고, 소설을 써서 제출했는데, 수업 시간에 내 작품을 읽어주셨다. 송철의 교수님은 '동음 이의어'와 '이음 동의어'에는 어떤 것들이 있는지 모두 조사해오라는 과제를 내셨다. 대국어 사전을 펼쳐놓고 'ㄱ'부터 'ㅎ'까지 노트 한 권에 모두 찾아 기록했다. 학교에 갔더니, 과제를 하지 못한 친구들이 노트를 빌려달라고 했다. 거절할 수 없어 건네줬더니, 강의실에서 내 노트가 돌아다녔다. 교수님이 원본을 제대로 알아보셔서 수업시간에 칭찬을 해주셨고, 과제성적 A+를 받았다.

대학을 졸업하고, 마음속에 그려왔던 국어교사가 되었다. 고등학생들에게 국어를 가르칠 때는, 고등학생 때 배운 내용이 생생하게 떠올랐다. 고시조며 훈민정음 어지를 학생들 앞에서 술술 외우니, 학생들이 "와~"하고 감탄사를 쏟아냈다. 그렇게 교직 생활

34년을 Y고등학교, S고등학교, S중·고등학교에서 근무했다. 은퇴할 무렵, 하고 싶은 일, 잘하는 일이 무엇인지 생각했다. 책을 쓰고 싶었다.

출판에 관심을 두게 된 것은, 글을 쓰셨던 외삼촌이 책을 내고 싶어 하셔서 도와드리겠다고 말씀드린 후부터다. 그리고 고(故) 박완서 작가의 에세이 『어른 노릇 사람 노릇』을 읽으면서 수려한 글솜씨에 반해, 나도 이 작가처럼 글을 써서 책 한 권 내겠다고 2003년 7월 21일 독서 노트에 처음으로 기록했다. 그후 〈학부모 독서 아카데미〉를 운영하면서 학부모들 앞에서 책 쓰기를 하겠다고 당당하게 선언했고, 드디어 은퇴하기 1년 전 2020년 12월 15일, 첫 개인 저서 『당신의 삶도 이미 베스트셀러이다』가 출간되었다. 그리고 이어 두 번째, 세 번째 책이 출간되었다.

지난 세월을 되돌아보니, 베이비붐 시대에 태어난 우리는 재능에 초점을 맞춰 몰입할 시간적·경제적 여유가 없었다. 농사일을 도와드려야 했고, 동생들을 돌봐야 했다. 굶지 않고 세 끼 먹는 것만으로도 감사했다. 미술에 더욱 관심을 두고 공부했더라면 나도 '화가'가 되었을까? 중학생 때 미술 선생님으로부터 칭찬을 많이 들은 민미식 친구는 동양화가가 되어 전시회를 열세 차례나 열었다. 내가 오르간을 배우고 노래도 계속했더라면 혹시 피아니스트 아니 성악가가 되었을까? 어렸을 때부터 노래 잘한다는 칭찬을 많이 들은 남동생은 감사하게도 성악가(테너)가 되어 개인 독창회를 두 차례나 열었고, 교회에서는 특창을, 결혼식장에서 축가를 자주 부른다.

지금 이 글을 읽는 사람 중에도 어른이 되기까지 이런저런 칭찬을 많이 들었을 것이다. 칭찬 들은 바로 그 분야에 재능이 있다는 것도 알았을 것이다. 그런데 그 분야에 성공하지 못했다면 몰입해 본 적이 없을 것이다. 지금이라도 그 재능에 초점을 맞춰 한번 몰입해 보길 바란다. 그동안 가슴속에 묻어두었던 꿈을 꺼내 자신의 재능이 얼마나 탁월한지 확인해보길 바란다. '지금'이라는 시간은 가장 빠른 시간이다. 월트 디즈니(Walt Disney)는 "꿈을 꿀 수 있다면 꿈을 실현할 수도 있다."고 했다. 시도하지 않으면 아무것도 얻을 수 없다.

요즈음 독자와 책 쓰기에 관해 대화를 나눌 때는 물고기가 물을 만난 듯 신난다. 그리고 독자가 작가가 되어 저서를 출간해 내게 가지고 왔을 때, 그 기쁨을 무엇과 비교할 수 있을까? 백문(百聞)이 불여일견(不如一見)이고, 백문(百聞)이 불여일작(不如一作)이다. '불여일작'은 지금 필자가 만들어낸 말로, 백 번 듣는 것이, 실제 한 번 써보는 것만 못하다는 말이다.

어른들의 칭찬이 아이들에게는 꿈을 꾸게 하고, 꿈을 이룬 자신의 모습을 상상하면서 성장하게 만든다. 그래서 아이들이 재능을 보일 때마다 어른들은 칭찬을 아끼지 말아야 한다. 실오라기만큼의 재능만 보여도, 아니 가능성만 있어도 칭찬해줘야 한다. 지금와 생각해 보니, 교직에 있었을 때 더 많은 학생들에게 칭찬해주지 못한 것이 후회된다. 현재가 아닌 미래 가능성까지 보고 칭찬해주었더라면, 설레는 마음으로 등교하는 학생들이 더 많아졌을 텐데 말이다. 어른들의 칭찬이 아이의 재능을 발견하게 하고, 몰입하게 하여, 그 재능을 살려낸다. 그러므로 아이들 성장 과정에서 어른들이 해야 할 가장 가치 있는 일은 바로 '칭찬'이다. 그 칭찬이 후에 그 아이의 인생을 춤추게 만들기 때문이다.

> **적용** 그동안 칭찬받은 것은 무엇이며, 그 분야에 초점을 맞춰 몰입해 보고 싶은, 그래서 자신의 재능이 얼마나 탁월한지 확인하고 싶은 것은 무엇인가?

✱ 02 ✱
내가 원하는 인생으로 만드는 방법

> 당신을 만나는 모든 사람이
> 당신과 헤어질 때 더 나아지고 더 행복해질 수 있도록 하라.
> – 마더 테레사(Mother Teresa)

누구나 간절히 원하는 인생이 있고, 원하는 인생을 만들기 위해 부단히 노력하는 이들이 있다. 그러면, 어떻게 만들어갈까?

그 방법 중, 하나로 '자기암시'를 들 수 있다. 자기암시는 일정한 관념을 반복하여 자기 자신에게 암시를 주는 것인데, 이것은 놀라운 힘을 발휘하여 자신을 바꾸고 인생을 바꾸어 놓는다.
'지금 난 잘하고 있어. 앞으로는 더 잘하게 돼. 난 해낼 수 있어. 이렇게 노력하고 있으니, 곧 성공하게 될 거야. 난 웃는 얼굴이 예뻐. 백만 불짜리 웃음이야.' 매일 거울 앞에서 진심으로 자기 자신에게 암시하면, 자기암시의 힘이 작용하여 자신감이 생기고, 표정도 달라지며, 일상생활을 변화시키고 삶을 바꾸어 놓는다.

위에서 예를 든 자기암시는 필자가 실제로 거울 앞에서 실천해본 것으로, '백만 불짜리 웃음'은 교직에 있었을 때 어느 여학생이 내게 해준 말이다. "선생님 웃음은 백만 불짜리예요"

이렇게 실천한 결과, 변화한 내 모습을 알아챈 사람들이 어떤 말을 건넸을까? 대부분 이렇게 말했다.
"요즘 기분 좋은 일 생겼어요? 힘 있는 목소리예요."
"얼굴이 보름달처럼 환해요, 좋은 일 있어요?"
"분위기가 변했어요. 미용실 바꾸었어요?"
"또 책 쓰고 있어요? 발걸음이 힘차 보여요!"
다른 사람들로부터 이런 말들을 계속 듣다 보면, 어떻게 될까? 더욱 자신감이 생기고 걸음걸이도 더욱 당당하게 변한다. 그리고 하는 일도 원활하게 잘 처리한다. 이렇게 자기암시의 힘으로 날마다 삶을 새롭게 만들어가는 것이다.

자신이 원하는 인생으로 만드는 또 하나의 방법이 취미생활이다. 악기를 배운다든지, 운동한다든지, 화초를 가꾼다든지, 그 무엇이라도 자신이 좋아하는 일을 하게 되면, 삶의 활력소가 되어 원하는 인생으로 바꾸는 데 큰 힘으로 작용한다.

필자의 책상 위에는 노트북이 있고, 왼쪽에는 책장이 있으며, 오른쪽에는 피아노가 있다. 글을 쓰다가 잘 써지지 않거나 눈이 피로해지면 피아노 앞에 앉는다. 누가 보면 "아직도 동요를 치고 있어?" 하겠지만, 피아노 앞에 앉는 것만으로도 기분이 좋아진다. 레슨을 받지 않고 내 손가락으로 친 동요가 노래로 들리는 것만으로도 새 힘이 생긴다.

    자신이 원하는 인생으로 만드는 방법에 보상도 있다. 자신이 계획한 어떤 목표를 달성하거나, 힘든 일을 극복해냈다면 자신에게 상을 주어 더 잘할 수 있도록 용기를 북돋아 주는 것이다.

    교직 생활이 쉽지 않았다. Y고등학교에 근무할 때는 밤 10시 퇴근이 보통이었다. 언젠가는 기말고사 출제로, 3명의 교사가 교무실에서 밤을 꼬박 새운 일도 있다. 이렇게 힘든 일을 마쳤을 때, 자신에게 보상해주면 그 피로가 쉽게 풀리고 새 힘이 생겨난다. 보상으로는 주로 스포츠 마사지를 받았다. 그러면 온몸이 대답한다. 거뜬히 버텨낼 힘이 또 생겼다고. 어떤 사람은 마사지 받는 것을 싫어할 수도 있다. 그러면 자신이 원하는 것으로 보상하면 된다. 비싼 물건이 아니라도 갖고 싶은 물건을 구매한다든지, 레스토랑에 가서 맛있는 음식을 먹는다든지, 보고 싶은 친구를 만난다든지 등, 평소에 자신이 하고 싶은 것을 메모해 놓았다가 실천에 옮기는 것이다.

    자신이 간절히 원하는 인생으로 만드는 또 하나의 방법은 사람을 잘 만나 기회를 잡는 일이다. 우연히 만나는 사람도 있지만, 의도적인 만남을 계획해 인생을 바꾸려는 사람들이 있다. 유튜브 채널 '장사의 신(神)'에서 은현장 대표를 만난 사람들이 인생이 바뀌는 것을 보았다. 은 대표가 어느 식당을 방문한다는 소식이 SNS에 올라오면, 그를 만나고자 식당 앞에 줄을 섰다. 은 대표는 한마디로 사람을 살리는 의사 이상의 사람이었다.

한번은 '장사의 신(神)'에서 '이자 30% 사채빚 1억 2천을 져, 인생을 마감하려 했던 23세 사장님(은현장의 골목식당)'의 영상을 보게 되었다. 수제 햄버거집 〈벅벅이〉를 운영하는 젊은 사장이 파산 직전 벼랑끝까지 몰렸는데, 이 어린 사장을 살리기 위해 은 대표가 6개월 동안이나 이 가게에 찾아갔다. 폐업 직전의 가게를 살리기 위해 여러모로 솔루션을 주고 함께 노력한 결과, 기적이 일어났다. 매달 200만 원씩 적자를 보아 직원들에게 권고사직하고, 자신도 생을 마감하려고 했던 〈벅벅이〉 가게 사장의 목숨을 살린 것이다. 은 대표를 만난 이후 2억이 넘는 빚을 모두 갚았을 뿐만 아니라, 월 매출 6,500만 원을 올리는 행복한 인생으로 바뀐 것이다. 더욱 감동을 주는 것은 은 대표가 〈벅벅이〉 가게를 살리기 위해, 우리나라 탑 수제 버거에서 광고 및 컨설팅이 들어왔음에도 절대 응하지 않았다는 점이다. "1년 동안 돈을 벌 수 있도록 수제 버거 광고를 받지 않을게!"라고 약속한 것을 은현장 대표가 끝까지 지킨 것이다.

이렇게 은 대표는 어려운 사람들에게 희망의 메신저로 다가갔다. 이 영상을 보면서, 잊지 못할 대사를 발견했다. "직원과 사장이 불편해야 손님이 편하다." 나폴레온 힐의 저서 『놓치고 싶지 않은

『나의 꿈 나의 인생』에 이런 글이 있다. "기회가 가지고 있는 속성 중의 하나로, 기회는 항상 뒤에서 살그머니 다가오는 장난스러운 습성이 있다. 또한, 기회는 불운이나 일시적인 패배의 그늘에 숨어 은밀히 찾아온다. 그래서 많은 사람들은 흔히 기회를 놓치고 만다." 이 대표를 만나고자 하는 사람들은 기회를 만들어가는 사람들이다. 기회가 뒤에서 살그머니 다가올 때까지 기다리는 사람들이 아니다.

마지막으로, 자신이 원하는 인생으로 만드는 방법에 신앙생활이 있다. 특별히 그리스도인으로서의 신앙생활이다. 예수님을 발견하면 세상을 보는 관점이 달라진다. 예수님의 눈으로 사물을 보게 되고 사람들을 대하게 되니, 삶의 목적이 달라진다. 앞에서도 언급한 바와 같이 실제 톨스토이가 그 무엇으로도 채울 수 없는 인생무상을 느끼며 자살 직전까지 갔었다가, 예수님을 발견하고 살아갈 이유를 찾은 후, 작품의 색깔까지 완전히 바꾸어 놓았다. 즉 '예수님의 사랑'을 실천하는 이야기들로 소설을 쓰기 시작한 것이다. 인생을 바라보는 관점이 완전히 바뀐 것이다.

자신이 원하는 인생으로 만드는 방법에는 이 외에도 여러 가지 있다. 하나씩 실천하면서 자신의 인생이 어떻게 바뀌는지 실험해 보는 것이 좋겠다. 미국 시인이며 사상가였던 랠프 월도 에머슨(Ralph Waldo Emerson)이 말했다. "너무 소심하고 까다롭게 자신의 행동을 고민하지 말라. 모든 인생은 실험이다. 더 많이 실험할수록 더 나아진다."라고.

적용 간절히 원하는 인생으로 만들기 위해, 위 다섯 가지 방법 즉 '자기암시, 취미생활, 보상, 사람을 잘 만나 기회를 잡는 일, 그리스도인 신앙생활' 중에 실천하고 싶은 것이 있는가?

✳ 03 ✳
한 발 물러서서 인생을 바라보라

> 절대 어제를 후회하지 마라. 인생은 오늘의 내 안에 있고
> 내일은 스스로 만드는 것이다.
> – 나딘 스테어(Nadine Stair)

중학생 때 대부분의 교과목 수업이 재미있었지만, 유독 미술 시간이 기다려졌다. 그림 그리는 것을 좋아했기 때문이다. 데생, 파스텔화, 수채화 등 여러 종류의 그림을 그릴 때마다 이재홍 미술 선생님은 "얘들아! 그림 그릴 때는 도화지에 코 박고 그리지 말고, 눈을 지그시 감거나, 자리에서 일어서서, 한 발 물러서 그림을 봐. 그러면 전체 그림이 보이거든. 일정한 거리를 두고 그림을 봐야, 어느 부분을 강조해야 할지 알게 돼." 하셨다. 선생님 말씀대로 눈을 지그시 감거나 한 발 물러서서 그림을 보니, 전체 그림이 보였다. 그리고 어느 부분을 강조해야 할지 알게 되었다.

삶도 마찬가지다. 이따금 한 발 물러서서 자신의 삶을 객관적으로 바라볼 필요가 있다. 그러면 자신의 인생 전체 그림이 보이면서,

당면한 삶의 문제를 어떻게 해결해야 할지 지혜가 떠오른다. 혹 현재 굴곡진 인생으로 힘들어한다면, 더더욱 거리를 두고 자신의 삶을 들여다볼 필요가 있다. 가만히 생각해 보면, 슬픔이나 고통은 누구에게나 찾아오기 마련이다. 마치 아무리 깊은 강물일지라도 소리 없이 흐르는 강물은 없듯이 말이다. 지금 내가 겪고 있는 고통은 과거 누군가 이미 겪은 고통이고, 그 고통을 밤새워 눈물로 이겨내었으며, 이 순간도 그 누군가는 이겨내려고 애쓰고 있다는 것을 명심하자. 그러니 한 번 더 힘을 내어 이겨낼 것인지, 아니면 이대로 주저앉을 것인지는 자신의 선택에 달려 있다. 반드시 이겨내야겠다고 마음먹은 사람은 삶의 태도가 완전히 달라진다.

법정 스님의 저서 『일기일회(一期一會)』가 있다. 이 순간은 생애 단 한 번의 시간이며, 지금 누군가와의 만남도 생애 단 한 번의 인연으로, 모든 것은 생애 단 한 번뿐이고 영원한 것은 아무것도 없다는 말이다. 그러므로 순간순간 새롭게 피어나라고 말한다. 그리고 순간순간 최선을 다해 최대한으로 살 수 있어야 한다는 것이다. 이 책에 이런 글이 실려 있다.

"때때로 자신의 삶을 바라보십시오. 자신이 겪고 있는 행복이나 불행을 남의 일처럼 객관적으로 받아들일 수 있어야 합니다. 자신의 삶을 순간순간 맑은 정신으로 지켜보아야 합니다. 그렇게 하면 행복과 불행에 휩쓸리지 않고 물들지 않습니다."

그렇다. 자신의 삶을 남의 삶처럼 대할 때, 좀 더 객관적으로 바라볼 수 있게 된다. 남의 삶에는 불필요한 감정이나 견해가 들어가지 않기 때문이다. 자기 인생을 마치 남의 인생 대하듯이, 한 발 물러서서 그림을 감상하듯이 거리를 두고 본다면, 삶의 문제를 생각보다 쉽게 해결할 수 있으리라.

자신의 삶을 좀 더 객관적으로 바라보는 방법에 여행이 있다. 여행을 해보면 반드시 자신의 삶을 객관적으로 들여다보는 시간을 갖게 된다.

학교 업무에 바쁘고, 집안일에 바쁘다 보니, 내 생애 한 번도 해외여행을 하지 못할 수도 있겠다고 생각해본 적이 있다. 국내여행이야 수학여행으로 학생들을 데리고 제주도, 설악산, 남해안 일대 등 여러 곳에 다녀왔고, 교사 연수로도 마달피 수련원, 재림 연수원, 임해 수련원, 홍도, 외도 등 여러 군데 다녀왔지만, 해외여행은 엄두를 내지 못했다.

그러다가 아이들이 크니, 교직원들과 함께 캄보디아를 비롯하여 미국, 튀르키예(터키), 중국에 다녀오게 되었다. 필리핀은 개인적으로 세 차례나 다녀왔는데, 비행기를 탈 때마다 느끼는 것이 있다. 활주로를 떠난 비행기가 지상과 천상을 갈라놓은 구름 위에서 날고 있을 때, 지구를 완전히 벗어난 느낌이었다. 비행기가 고도 3만 5천ft(약 1만m)를 유지할 때는 이 세상을 완전히 벗어난 듯했다. 그래, 내가 없어도 집안일은 돌아가고, 학교 업무도 잘 돌아갈 것이며, 세상도 잘 돌아가겠다는 생각이 들었다.

그리고, 비행기 이착륙 시 지상 가까이 있을 때는 지상을 좀 더 자세히 내려다볼 수 있었는데, 아파트는 성냥갑을 쌓아놓은 듯했고, 일반 주택들은 점 하나 찍어 놓은 것 같아, 엄지와 집게손가락만으로도 가볍게 들어 옮겨놓을 수 있겠다는 생각이 들었다. 그러고 보니, 내가 하나님의 눈으로 이 세상을 내려다보고 있었다. 그 순간 그렇게 힘들었던 삶이 아무것도 아닌 게 되었다. 그동안 뭐 그리 잘났다고 언쟁을 벌이며 살아왔나 하는 생각에, 고개가 절로 숙여졌다. 더 이상 지지고 볶으면서 아등바등 살 필요가 없었다. 그동안 삶에서 일어났던 부정적인 감정들이 모두 사그라들고 정제되면서, 삶을 바라보는 관점이 변하기 시작했다. 그렇게 점차 도인(道人)이 되어갔다. 구스타브 플로베르가 말하기를 "여행하면 겸손해지고, 자신이 얼마나 작은 자리를 차지하고 있는지 알게 된다."고 했는데, 내가 그랬다. 정말로 여행은 나를 찾는 시간이었다.

여러 여행지 중에 미국 남서부 여행을 잊을 수 없다. 2014년도 12월 31일 수요일, 학교 업무를 가까스로 마무리하고, 저녁 6시에 출발하는 비행기를 타기 위해 인천 공항으로 향했다. 한 해를 마무리하며 새해를 해외에서 시작한다는 생각에 벌써 마음이 설레었다. 그렇게 교직원들과 함께 인천 공항을 출발, 로스앤젤레스에 도착하여 호텔에서 편안한 휴식을 취하고, 난생처음 해외에서 새해를 시작했다. 9박 10일의 긴 여행으로, 그랜드캐년을 비롯하여 라스베이거스, 샌프란시스코의 차이나타운 및 금문교, 팜

스프링스 등 이곳저곳을 여행하면서 버스로 이동할 때마다 느끼는 것이 미국은 땅이 매우 넓다는 것이었다. 어느 곳은 도로 중앙선이 노란색 실선 두 줄이 아니고, 너비 10m 이상이나 돼 보이는 땅이 경계선이 되어 차들이 오가고 있었다.

미국 남서부 여행지 중에서도 밤에도 불이 꺼지지 않는, 변화한 도시로 유명한 라스베이거스를 결코 잊을 수 없다. 세계적으로 잘 알려진 카지노가 많은 관광도시로, 연말연시라서 그런지 날마다 축제가 이어졌는데, 우리 일행은 이곳저곳 구경하느라 시간 가는 줄 모르고 지칠 줄도 몰랐다. 특별히 라스베이거스 시저스 팰리스 호텔은 고대 로마를 재현한 모습이었는데, 그 컨셉에 맞게 쇼핑몰인 포럼숍은 로마풍의 건물과 여러 신을 조각물로 만들어 장식되어 있었다. 실내 천장은 실외로 착각할 정도로, 그 색조나 구름 모양이 자연 그대로의 하늘이어서, 그림이라고 말해주지 않았더라면 인공 하늘인 줄 몰랐을 것이다. 그곳을 거니는 사람들은 밖에 비가 오나 눈이 오나 항상 흰 구름이 뭉게뭉게 피어오르는 맑은 하늘을 보게 되는 것이다. 이렇게 그림은 거리를 두고 감상해야 그 그림의 정수(精髓)를 발견한다는, 중학생 때 미술 선생님의 말씀이 생각났다.

이렇게 즐거운 여행을 하면서 그동안 살아왔던 내 삶의 자리를 들여다보게 되었다. 한마디로 세상 넓은 줄 모르고 우물 안 개구리처럼 살아왔다. 여행 종착지는 결국 나 자신이었다. 나의 삶을 객관

〈라스베이거스의 '시저스 팰리스'〉

적으로 바라보는 눈을 갖게 되었다. 이러한 눈을 항상 지니게 되는 습관까지 기른다면, 좀 더 지혜롭게, 행복하게 살 수 있으리라.

여행할 시간이 없다면, 삶의 거울 앞에 서서 자신을 들여다보아야 한다. 그러면 무엇이 잘못되었고, 앞으로 어떻게 살아야 할지 분명히 깨닫게 된다. 삶은 때때로 감당하기 힘들 정도의 무게로 다가올 때가 있다. 그런데 그 고통이 한계에 다다르고, 이어 한계를 넘어서게 되면 스스로 치유가 일어난다. 그러니 지금 혹 숨 막히는 상황에 놓여있다면, 인생의 한 과정일 뿐이라고 생각하자. 조금만 더 힘을 내어 견디다 보면, 전혀 예상치 못한 곳에서 평안과 행복을 만날 수 있다. 지금 인생길이 평탄하지 않다고 하여 불평하거나 절망하지 말자. 평탄하기만 하다면 그건 인생이 아니다. 류시화 시인은 그의 저서 『좋은지 나쁜지 누가 아는가』에 잘랄루딘 루미의 다음 시를 인용하면서 말했다.

이 문제 많은 세상을

인내심을 가지고 걸으라.

중요한 보물을 발견하게 되니

그대의 집이 작아도, 그 안을 들여다보라.

보이지 않는 세계의 비밀들을 찾게 되리니

나는 물었다.

"왜 이것밖에 주지 않는 거죠?"

한 목소리가 대답했다.

"이것만이 너를 저것으로 인도할 것이기 때문이다."

"우리는 신에게 삶에 관해 묻곤 한다. '왜 나에게는 이것밖에 주지 않는 거지?' 그러나 보이지 않는 목소리가 답한다. '이것만이 너를 네가 원하는 것에게로 인도할 것이기 때문이다.' 그 속삭임을 듣지 못할 때 우리는 세상과의 내적인 논쟁에 시간을 허비한다. 다른 사람들이 당신의 여행을 이해하지 못하는 것은 당연한 일이지만 스스로가 자신의 여행을 이해하지 못하는 것은 불행한 일이다. 자신이 결코 팔을 갖지 못하리라는 사실을 받아들이는 순간 새의 몸에서 날개가 돋아나기 시작했다고 한다."

한 발 물러서서 자신의 삶을 객관적으로 바라보는 시간을 가져야 한다. 지금까지 걸어온 삶을 되돌아보면, 그동안 많은 것들을 누리고 살아왔음을 깨닫고 감사하게 될 것이다. 그리고 앞으로의 삶에도 필요한 것들이 시시때때로 주어질 것임에 미리 감사할 것이다. 이따금 우리에게 찾아오는 슬픔이나 고통은 누구든지 이겨낼 수 있는 치유의 능력을 지니고 있다. 다만, 자신을 과소평가하며 스스로 주저앉는 사람은 늘 슬퍼하고 힘들어하며 가슴 아파할 것이다.

> **적용** '왜 나에게는 이것밖에 주지 않는 거지?'라고 생각하는 것과, 그동안 풍족하게 누렸다고 생각하는 것들을 적어보자.

★ 04 ★
삶은 견디는 것이다

진정으로 웃으려면 고통을 참아야 하며,
나아가 고통을 즐길 줄 알아야 한다.
― 찰리 채플린(Charlie Chaplin)

　인생은 '산 넘어 산'이다. '저 산 넘으면 이젠 걱정 없겠지.' 생각하지만, 또 다른 산이 앞을 가로막는다. 이것이 삶이고 인생이다. 그런데 이것을 잘 알면서도 매번 산 앞에 마주 설 때면 걱정부터 앞선다. 하지만 "걱정해서 걱정이 없어지면 걱정이 없겠네"라는 티베트 속담처럼, 걱정이 문제를 해결해주지는 못한다. 오히려 이 걱정이란 놈은 끝없는 생각의 도돌이표 같아서 마음을 더욱 흔들어 놓을 뿐이다. 미국의 유머 작가 윌 로저스가 말했다. "걱정은 흔들의자와 같다. 당신을 끊임없이 움직이게 하지만, 결국, 아무 데도 데려다주지 못한다."고. 그래서 걱정은 머리만 희어지게 할 뿐이다. 오래전 해결해야 할 문제가 있어, 밤새도록 뒤척이면서 고민하다가 '걱정'을 제목으로 하여 쓴 시가 있다.

막 잠이 들려는데
걱정이라는 애가 찾아왔다.

얼굴도 못생기고
목소리도 듣기 싫은 그 애는
날 일으키고
내 자리에 버젓이 누웠다.

난 밤새도록
그 애를 밀어내려 애썼지만
오히려 눈 크게 뜨고 큰소리치며
보란 듯이 누워있다.

난 한밤 내내 꼼짝없이
걱정이에게 붙잡혀 있었다.

그렇게 밤새도록 걱정한 일이었지만, 견디니 지나갔다. 말 그대로 '이 또한 지나가리라'였다. 이 말은 솔로몬이 한 말로 그 일화가 있다.

다윗이 왕위에 오른 어느 날, 자신이 자칫 교만해질까 혹은 좌절하게 될까 두려워 반지세공사를 불러 지시를 내렸다. "날 위해 반지를 만들되, 내가 큰 전쟁에서 승리해 환호할 때 교만하지 않게 하고, 큰 절망에 빠져 낙심될 때 용기와 희망을 얻을 수 있는 문구를 새겨 넣어라." 이후 반지세공사는 반지를 만든 후 새길 문구를 고민했지만 떠오르지 않아, 현명하기로 유명한 솔로몬 왕자를 찾아가 도움을 청했다. 그때 솔로몬이 말해준 문구가 바로 "이 또한 지나가리라(This, too, shall pass away)"이다. 이 문구를 반지에 새겨 다윗왕에게 바치니, 매우 흡족해하면서 반지세공사에게 큰 상을 내렸다고 한다.

좋은 일도 기쁜 일도 지나가는 법이고, 슬프고 아픈 일도 지나가는 법이다. 좋은 일이 있을 때 교만하거나, 나쁜 일이 있을 때 좌절하면서 너무 마음 뺏기지 말아야 한다. 모든 일은 지나가는 법이다. 그러니 좋지 않은 일이 있을 때, 견디는 것이다. 견디다 보면 길이 보이고, 길이 보이면 산을 넘게 된다. 김난도 작가의 에세이 『웅크린 시간도 내 삶이니까』에도 이런 글귀가 있다.

"이런 시기에는 견디는 것이 힘이다. 인생의 가장 무력한 순간에도 버텨야 한다. 『리어왕』의 대사대로 '울면서 태어난 이상 참아야'하는 것이다. 고은 시인의 시구처럼 '누우면 끝장이다. 앓는 짐승이 필사적으로 서 있는 하루'를 버티듯 우리는 그렇게 서 있어야 한다."

작년 겨울, 산책로를 따라 걷다가 저수지까지 이른 적이 있다. 매서운 찬바람과 폭설까지 겹쳐 저수지 전체가 꽁꽁 얼어있었다. 바람 부는 대로 찰랑찰랑 움직이던 물결도 볼 수 없었고, 이따금 서로 장난치며 물 위로 솟아오르던 물고기의 모습도 보이지 않았다. 물고기들은 지금 어떻게 지내는 걸까? 자유롭게 물결 따라 헤엄치지도 못하고, 따사로운 햇살도 부드러운 산들바람도 느끼지 못하며, 얼어붙은 저수지 바닥에 갇혀 있다. 삶에 순응하는 것이다. 어떤 물고기도 저수지를 뒤덮은 얼음이 답답하다며 한숨짓고 있거나, 얼음을 뚫고 나오려 하지 않았다. 그저 얼음 밑, 흐르고 있는 물 속에서 여전히 헤엄치며 얼음이 녹기만을 기다리고 있을 뿐이다. 저수지가 꽁꽁 얼어붙었다고 해서 물고기의 삶이 끝나지도 않았다. 얼음 밑에서 기다리는 것이다. 참고 기다리면 따사로운 햇살을, 부드러운 바람결을 만나는 때가 온다. 삶이란 이렇게 참고 견디면서 기다려야, 앞으로 나아가게 되는 것이리라.

수피즘(이슬람 신비주의) 우화 중, 자신이 세상에서 가장 불행하다고 생각하는 한 남자 이야기를 읽어본 적 있을 것이다. 류시화 시인의 에세이 『좋은지 나쁜지 누가 아는가』에도 실려 있다.

한 남자가 매일 밤 신에게 기도했다.

"저희 부탁을 한 가지만 들어주세요. 저보다 불행한 사람은 이 세상에 없습니다. 누구의 삶도 저보다 나을 거예요. 저는 축복을 바라지 않습니다. 단 한 번만이라도 저의 인생을 다른 사람의 인생과 바꿀 기회를 주세요. 이것이 지나친 부탁인가요?"

남자가 밤마다 큰 소리로 외쳤기 때문에 신은 편안할 수가 없었다. 마침내 하늘에서 큰 음성으로 모든 사람에게 말했다.

"그대들 각자가 겪은 불행한 일들을 보자기에 싸서 사원 마당으로 가지고 와라."

잠이 깬 사람들은 자신의 불행한 일들을 보자기에 싸기 시작했다. 남자는 매우 기뻤다.

'이제 드디어 다른 삶을 선택할 기회가 왔군!'

그는 자신의 보따리를 들고 서둘러 사원으로 향했다. 다른 사람들도 보따리를 들고 달려가고 있었다. 사원이 가까워질수록 남자는 겁이 났다. 사람들이 그의 것보다 더 큰 보따리를 들고 가기 때문이다. 언제나 웃던 사람들, 좋은 옷을 입고 항상 밝은 얘기만 하던 사람들이 자신보다 더 큰 보따리를 어깨에 메고, 가고 있었다. 남자는 망설였지만, 평생 기도했기 때문에 사원 안으로 들어갔다. 그때 하늘의 음성이 들렸다.

"그대들의 보따리를 모두 펼쳐 놓아라."

모두가 펼쳐 놓자 그 음성이 다시 들렸다.

"이제 서로의 내용물들을 살펴보고 각자 원하는 보따리를 선택하라."

다른 사람의 불행한 일들을 알게 되자, 놀라운 일이 일어났다. 모두가 자신의 보따리를 다시 선택한 것이다. 이 남자 역시 다른 누군가가 자신의 불행을 고를까 봐 서둘러 자신의 보따리를 선택했다. 다른 사람의 삶에 어떤 큰 고통이 있는지 알 수 없으며, 적어도 자신의 불행에는 익숙해져 있었기 때문이다. 그 후 남자는 불평하는 기도를 멈췄다.

다른 사람의 삶을 펼쳐보기 전에는 행복하고 평화로워 보이지만, 그들의 삶을 속속들이 들여다보면 모두가 고난을 안고 살아가고 있는 것이다. 겉으로는 웃고 있어도 그들의 가슴을 두드려 보면 슬픈 소리가 나기도 한다. 아무 시련이 없을 것 같은 사람도 속은 새까맣게 타들어 가, 살짝만 건드려도 부서질 것 같은 이도 있다. 이 세상에 태어난 이상, 누구나 견뎌내야 할 고난과 삶의 무게가 있는 것이다.

삶의 무게에 짓눌려 주저앉고 싶을 때, 어떻게 해야 할까? 쉽게 해결되지 않는 그 문제에 깊이 빠져, 책상 앞에서 머리 싸매고 있어야 할까? 비틀즈의 팝송 'Let it be'에 "There will be an answer, let it be.(해답이 있을 테니 내버려 두라)"고 했다. 집 밖으로 나가는 것이다. 나가서 걷든지 뛰든지 하는 것이다. 그러면 시원한 바람이 머리를 식혀줄 것이고, 길가에 핀 꽃들이 마음을 달래줄 것이다. 새들이 지저귀는 그 천상의 소리에 답답했던 가슴이 시원하게 뚫릴 것이다. 그리고 문득 해결 방안이 떠오를 것이다. 그렇게 힘들게만 느껴졌던 문제도 엉켰던 실타래 풀리듯 자연스레 풀릴 것이다. 해답이 분명 있는 것이다. 이 또한 지나가게 되는 것이다. 지나고 보면 그 당시에는 힘들게만 느껴졌던 문제도 별것 아니었다는 것을 알 수 있다. 그러니 인생길에서 갑자기 앞에 큰 산이 나타나면, 그 산을 어떻게 넘어야 할지 마음의 여유를 가지고 접근해 보자. 지금 일어나는 그 어떠한 문제도 지나고 보면 별

일이 아니었다고 생각하게 될 것을 미리 생각하면서 접근하자. 그러면 더욱 쉽게 그 문제를 해결할 수 있으리라. 괴테가 말했다.

"고통이 남기고 간 뒤를 보라! 고난이 지나면 반드시 기쁨이 스며든다."

| 적용 | 그 당시에는 힘들게만 느껴졌던 일이 지나고 보니 별일 아니었던 일이 있었는가? |

* 05 *
인생은 속도가 아니라 방향이다

인생은 속도가 아니라 방향이다.
— 괴테(Goethe)

긴 장마가 끝나고 오랜만에 찾아온 화창한 날씨로 기분도 상쾌해져, 오후 산책길에 나섰다. 눈을 들어 하늘을 보니 흰 구름이 두둥실 떠가고, 산책로 주변 나무들은 물을 실컷 머금은 듯 한층 녹음이 짙다. 녹음 사이로 살랑살랑 스쳐오는 바람이 그동안 소망해왔던 모든 것들을 가져다줄 듯 가슴속까지 시원하다. 걷다 보니, 집중호우로 하천물이 넘쳐 산책로까지 물이 찼다가 빠졌다는 것을, 풀들이 한 방향으로 쓰러져 있는 것을 보고 알았다. 거센 물살에 휩쓸려 시달렸는지, 일어날 기미조차 보이지 않는다. 산책로 군데군데에는 나무와 나무 사이에 줄을 띄워, 냇물이 범람할 수 있으니 내려가지 말라는 경계 표시도 돼 있었다.

그렇게 산책로 주변을 구경하면서 걷고 있는데, 콘크리트길 바닥에 내동댕이쳐진 작은 물고기 한 마리가 눈에 띄었다. 냇물이 범람해 산책로로 떠밀려 온 것이다. 그렇게 떠밀려 왔으면 물이 빠져나갈 때 물길 따라 재빨리 내려갔더라면 살았을 텐데, 몸이 날렵하지 못했는지 홀로 그렇게 맨바닥에 누워있었다. 살려고 무척이나 버둥거렸을 텐데……. 아니 물살을 타지 못했으면, 방향 감각이라도 있어 비늘이 벗겨지고 피투성이가 되더라도 냇물 쪽으로 몸부림쳐 내려갔더라면, 이렇게 길 한복판에서 생을 마감하지는 않았을 것이다. 내가 좀 더 일찍 산책길에 나섰다면 살릴 수 있었을까? 내리쬐는 햇볕에 살랑살랑 불어오는 바람에 물고기의 몸은 점점 말라가고 있었다. 곧 개미들의 밥이 될 지경이었다. 쪼그리고 앉아 죽은 물고기를 바라보니, 황동규 시인의 시 '풍장(風葬)'이 생각났다.

(전략)

"내 세상 뜨면
풍장시켜 다오.

(중략)

바람 이불처럼 덮고
화장(化粧)도 해탈(解脫)도 없이
이불 여미듯 바람을 여미고
마지막으로 몸의 피가 다 마를 때까지
바람과 놀게 해 다오."

'장례식'을 소재로 한 황동규 시인의 이 시는 삶과 죽음을 자연의 순환으로 보고 있다. 죽는다는 것은 자연과의 합일로 자연으로 돌아가는 것이며, 죽음이 삶의 허무가 아닌 진정한 자유를 누리는 것으로 보았다. 화자는 '나'로, 죽으면 '풍장(風葬)'시켜 달라고 말하고 있다.

죽은 물고기를 보면서 나를 돌아보게 되었다. 난 재빠르게 물살을 탈 수 있는 사람인가. 몸이 날렵하지 못하면 삶의 방향감각이라도 갖고 살아가고 있는가. 살아가노라면 때로는 흔들릴 수도 있고, 돌부리에 걸려 넘어질 수도 있다. 그러나 삶의 방향만큼은 잃어서는 안 된다. 삶의 방향을 잃으면 생각지도 못한 많은 것을 잃게 되고, 목숨까지 잃을 수도 있다. 넘어졌을 때 오뚜기처럼 다시 일어나 방향부터 점검하고, 느리더라도 목표를 향해 힘을 내어 가는 것이다.

도종환 시인은 '흔들리며 피는 꽃'에서 흔들리니까 사람이고, 흔들리면서 피어나는 게 사랑이고 삶이라고 했다. 흔들리더라도 삶의 방향만큼은 잃지 않는다면 언젠가는 아름다운 삶을 피워낼 수 있다. 헨리 워즈워스 롱펠로도 그의 저서 『인생 예찬』에 이렇게 썼다.

"삶에 대한 가치관이 우뚝 서 있어도 때로는 흔들릴 때가 있습니다. 가슴에 품은 이루고 싶은 소망들을 때로는 포기하고 싶을 때가 있습니다. 가끔은 흔들려 보며 때로는 모든 것을 놓아봅니다. 그러한 과정 뒤에 오는 소중한 깨달음이 있습니다. 그것은 다시 희망을 품는 시간입니다. 다시 시작하는 시간 뒤에는 새로운 비상이 있습니다. 흔들림 또한 사람이 살아가는 한 모습입니다. 적당히 소리를 내어 살아야 사람다운 사람이 아닐까요?"

2004년 8월, 그리스 아테네 올림픽에서 상상조차 할 수 없는, 기이한 일이 일어났다. 당시 23세였던 미국의 사격 선수 매튜 에몬스는 남자 50m 소총 3자세 결승전에서 9번째 격발이 끝났을 때, 2위에 3점 차(소수점으로 싸우는 사격에서 3점 차이는 어마어마한 차이임)로 앞서고 있었다. 그런데, 마지막 10라운드에서 만점에 가까운 10.6점을 얻고도 경기 결과는 꼴찌였다. 사격에서는 한 발당 최고 10.9점까지 획득할 수 있는데, 10.6점은 고득점인 것이다. 그럼 왜 꼴찌였을까? 자신의 과녁이 아닌 옆 선수 과녁에 쏘았기 때문이다. 되돌릴 수 없는 큰 실수였다. 마지막 한 발이 0점을 얻으면서 8위로 밀려난 것이다. 한 발씩 온 정성을 다해 쏘았는데, 마지막 한 발은 황당하게도 남의 과녁에 조준한 것이다.

매튜 에몬스 선수의 실수에 대해 곰곰이 생각해보았다. 에몬스 선수는 옆 선수가 과녁에 조준할 때마다, 옆 선수의 과녁을 주시했을 것이다. 옆 선수의 총알이 과녁을 뚫을 때마다, 옆 선수의 과녁을 뚫어지게 쳐다보았을 것이다. 드디어 마지막 라운드에서 자신의 차례가 되어, 옆 선수의 과녁이 자신의 과녁이라고 자연스럽게 전이되어, 조준하고 사격했으리라. 공든 탑이 무너지는 순간이다. 그렇게 에몬스 선수는 마지막 한 발의 실수로 1위가 아닌

8위로 밀려났다. 이 선수는 4년 후, 그리고 또 4년 후에도 올림픽 결선에 올랐지만, 올림픽 최후 한 발의 저주가 계속 이어지면서 '불운의 사격 천재'로 불리게 되었다.

우리가 살면서 내 인생의 과녁이 아닌, 남의 인생 과녁에 더 관심을 두고 살아가고 있지는 않는가. 남의 인생 신경 쓰느라, 내 인생 목표를 잃어버린 적은 없는가. 때로는 다른 사람의 삶과 비교하면서 질투심을 키우고 우울해하면서 엉뚱한 삶의 방향으로 자신을 내몰지는 않았는가. 다른 사람은 특별히 노력하지도 않는데 잘 사는 것 같아, 질투심에 휩싸이거나 공연히 미운 감정이 일어나지는 않았는가. 그렇다면 자신의 건강만 나빠질 뿐이다. 남의 인생에 관심을 두고 살기에는 인생이 너무나도 짧다. 그러니 내 인생 과녁만 바라보아야 한다. 그래야 내 안에서 평안을 찾고 감사하는 마음으로 살아갈 수 있다. 혹 마음의 상처로 지금 삶이 힘들다면, 그 상처가 어디에서 비롯되었는지 살펴보아야 한다. 불행이 닥쳐왔을 때, 불행 그 자체보다도 불행에 어떻게 반응하고 있는지를 알아차려야 한다. 불행하게 만드는 것은, 남이 아니라 나 자신인 경우가 많기 때문이다. 에리히 프롬은 『사랑의 기술』에서 "자기를 사랑하지 않으면 타인도 사랑할 수 없다."고 했다. 자신을 진정으로 사랑하는 사람이 다른 사람도 사랑할 수 있으며, 어떠한 상황에서도 긍정적인 생각과 감사하는 마음으로 극복해낼 수 있다.

한 번뿐인 삶! 꿈을 꾸고 꿈을 실현하려고 노력하되, 욕심부리지 말고 가진 것에 만족하며 매일 감사하는 마음으로 살아가자. 가지면 가질수록 머리는 더 복잡해지고, 누리면 누릴수록 더 누리고 싶은 욕망에, 자연히 걱정거리는 늘게 되어 있다. 삶이란 그런 것이다. 다른 사람의 삶과 비교하면서 살 필요가 없다. 그 사람들의 삶도 깊숙이 들어가 보면, 누구나 아픈 사연 한두 개쯤 안고 살아가고 있다. 다음은 김원각 시인의 '달팽이의 생각'이라는 시 일부다.

"다 같이 출발했는데
우리 둘밖에 안 보여

　(중략)

걱정 마 그것들 모두
지구 안에 있을 거야."

이 달팽이들처럼 느리더라도 자신의 걸음 속도대로, 목적지까지 가는 것이다. 느리면 느린 대로, 가다가 지치면 좀 그늘에서 쉬면서 묵묵히 걸어가는 것이다. 느리게 가야 여유도 생기고, 여유가 있어야 방향을 잡기에 유리하다. 방향을 잘못 잡으면 오히려 빨리 가는 것이 재앙일 수 있다. 우리 삶에서 꼭 있어야 하는 것은 시계가 아니라 나침판이다.

삶이란 때로는 원치 않는 방향으로 흘러갈 때도 있다. 그때 분노하고 억울해한다면 자신의 영혼만 갉아먹게 된다. 그러니, 호흡 한 번 크게 쉬고 마음을 가다듬어, 자신이 간절히 원했던 그 목표를 향하여 다시 한번 방향을 틀고, 느리더라도 흐르는 강물처럼 초연하게 바다를 향해 나아가자.

> **적용** 인생에서 속도를 중요시한 나머지, 인생의 방향을 잃어버린 적이 있는가?

06
그 누구도 우연히 오지 않는다

우리 삶을 스쳐 지나가는 모든 이들은 각각 특별한 존재이다.
— 보르헤스(Borges)

류시화 시인의 에세이 『좋은지 나쁜지 누가 아는가』에 이런 글이 실려 있다.

"모든 일은 이유가 있기 때문에 일어나며, 우리가 만나는 사람들도 이유가 있어서 만난다고 나는 믿는다. 우리가 알든 모르든 모든 만남에는 의미가 있으며, 누구도 우리의 삶에 우연히 나타나지 않는다. 누군가는 내 삶에 왔다가 금방 떠나고 누군가는 오래 곁에 머물지만, 그들 모두 내 가슴에 크고 작은 자국을 남겨 나는 어느덧 다른 사람이 되어 있다."

여고 시절, 내게 단짝 친구가 있었다. 친구는 교복을 항상 깔끔하게 입고 다녀, 친구의 이미지는 한마디로 '단정하다'이다. 겨울에는 흰 칼라에 약간의 풀을 먹여서 다려 입어, 흰 칼라가 더욱 희게 돋보이며 어깨에 곱게 펼쳐져 있다. 멀리서 흰 칼라만 보아도 친구임을 금세 알 수 있다. 교정에서 나를 발견하면, 언제나 하얀 이가 모두 보이도록 환하게 웃으며 다가온 친구다. 글씨도 친구의 성격대로 반듯하게 잘 썼으며, 언제나 나를 특별하게 대해 주어 내 맘에 쏙 들었다. 우리는 쉬는 시간, 점심시간, 그리고 방과후에 자주 만나며 즐겁게 학교생활을 했다.

지난 학창 시절을 되돌아보니, 내가 이 친구에게 해준 것보다, 친구가 내게 해준 것이 훨씬 더 많다. 그 시절 야간 학습 시간 전, 학생들이 교내 매점에 가서 저녁 식사 또는 간식으로 빵을 많이 사 먹었는데, 그 당시 인기 있었던 노을빵을 친구가 내게 여러 번 사줬다. 방학 때가 되면 내게 편지를 보내 소식을 전했고, 자취생인 나를 자기 집에 데려가 푸짐한 음식을 대접하기도 했다. 1학년 때는 2반으로 같은 반이었고, 2학년 때는 내가 3반, 친구는 5반이었으며, 3학년 때는 내가 7반, 친구는 8반이었다. 2, 3학년 때는 반이 달랐으므로, 시간표가 바뀌어 체육을 하는 날에는 서로 체육복을 빌려주었다. 이렇게 3년을 함께 지내고 졸업하던 날, 난 멀리 계신 부모님이 오시지 못해 꽃다발을 받지 못하자, 한 다발을 건네며 같이 사진을 찍기도 했다.

졸업 후 어느 날, 친구가 인형을 사 들고 내 자취방에 찾아왔다. 내가 없으니 왔다 간다고 편지를 써 인형 옆에 놓고 가, 친구가 왔었다는 것을 알았다. 친구를 만나지 못한 아쉬움에, 그날 밤 인형 머리를 쓰다듬으며 꼭 안고 잤다. 어느 해인가 친구에게 편지를 써 보냈는데 반송된 이후로 친구와 연락이 완전히 끊겼다. 이

사할 때마다, 결혼해서도 인형을 가지고 다니기를 40여 년, 지금도 인형을 볼 때마다 친구가 간절히 그립다.

〈친구가 선물해준 인형〉

친구 성명은 김연숙이다. 고등학교 1학년 때 이 친구가 내게 와주지 않았다면, 친구가 내 이름을 불러주지 않았다면, 고향을 떠나 유학이나 다름없었던 고등학교 3년 생활을 제대로 마치지 못했을 것이다. 한 여학생은 견디지 못해 결국은 고향 근처 학교로 전학 가고 말았는데, 난 친구 덕분에 힘을 내어 잘 견뎌냈다. "속마음을 나눌 수 있는 친구만이 인생의 역경을 헤쳐나갈 힘을 제공한다."라고 한 그라시안의 말처럼, 고등학교 생활을 잘 마칠 수 있었던 것은 이 친구 덕분이다.

고등학생 때뿐이겠는가. 그동안 살아온 내 삶을 되돌아보니, 나를 돕기 위해 내 삶에 나타난 이들이 시시때때로 있었다. 교사 인사발령으로 내가 어린 자녀들과 떨어져 멀리 경북 경산에서 생활할 때, 아이들이 보고 싶어 눈물짓던 내가 생각났다며 이송림 선생님이 내게 전화하여 노래를 불러주었다. "당신이 지쳐서 기도할 수 없고, 눈물이 빗물 되어 흘러내릴 때" 온종일 참았던 눈물이 왈칵 쏟아졌다. 선생님의 그 꾀꼬리 같은 목소리가 전화선을 타고 들려오는데, 얼마나 고맙던지 그 당시 목이 메어 감사 인사를 제대로 전하지 못했다. 그 선생님은 외교관과 결혼하여 지금은 외국에서 생활하고 있는데, 선생님의 고운 목소리는 지금도 내 귓가에 쟁쟁하다.

어린 시절부터 지금까지 친구들, 학창 시절의 은사님들, 직장에서의 동료들과 제자들, 그리고 은퇴 후에 만난 사람들까지, 어떤 사람은 내 삶에 갑자기 나타났다가 떠나기도 하고, 어떤 사람은 내 곁에 오래 머무르기도 했다. 내게 온 사람들의 공통점은 내 가슴에 꼭 무언가를 남기고 떠났다는 것이다. 어떤 이는 웃음 한 보따리 던져 놓고 떠나고, 어떤 이는 감동의 물결 일으키고 떠나갔다. 그 누구도 아무 이유 없이, 아무 의미 없이 내게 오지 않았다.

류시화 시인의 에세이 『좋은지 나쁜지 누가 아는가』에 '만남'에 관한 작자 미상의 좋은 글이 있어 쓴다.

"당신의 삶에 나타나는 사람들은 어떤 이유가 있어서 오는 사람, 한 계절에만 등장하는 사람, 혹은 평생 만남을 갖는 사람이 있다. 그중 어디에 속하는지 알면, 저마다의 사람과 어떤 관계를 맺어야 할지 알게 될 것이다.
어떤 이유가 있어 당신의 삶에 온 경우, 그들은 대개 당신이 드러내 보인 필요를 충족해 주기 위해 온다. 당신이 고난을 통과하도록 돕고, 길을 안내하고 지지해주려고 온다. 물질적으로, 정서적으로, 혹은 영적으로 당신을 도우려고 온다. 그들은 신이 보낸 것처럼 보일지도 모르며, 실제로도 그렇다. 그들은 당신이 그들을 필요로 하는 그 이유가 있어 나타난 것이다.

그들은 당신 잘못이 전혀 없는데도, 혹은 좋지 않은 시기에 관계를 끝낼 것 같은 말이나 행동을 하기도 한다. 때로는 죽거나 어디론가 떠나버리기도 한다. 때로는 과격한 행동을 해서, 당신이 분명한 결단을 내리게 만든다. 이때 우리가 깨달아야 할 것은 우리의 필요가 충족되었다는 것, 우리가 바라던 것이 채워졌다는 것, 그래서 그들의 역할이 끝났다는 사실이다. 당신이 올려보낸 기도는 응답받았으며, 이제는 앞으로 나아갈 때가 온 것이다.

한 계절 동안만 당신 삶에 들어오는 사람도 있다. 그것은 당신이 나누고, 성장하고, 배우는 단계에 이르렀기 때문이다. 그들은 당신에게 평화로운 시간을 가져다주고 당신을 웃게 할 것이다. 당신이 한 번도 경험한 적 없는 일을 가르쳐 줄지도 모른다. 그들은 대개 믿을 수 없을 만큼의 기쁨을 당신에게 준다. 이것을 믿어라. 이것은 사실이다. 다만 한 계절 동안만.

평생의 관계는 당신에게 평생의 배움을 준다. 굳건한 감정적 토대를 갖기 위해 당신이 쌓아 나가야만 하는 것들을. 당신이 할 일은 그 배움을 받아들이고, 그 사람을 사랑하고, 그 관계에서 당신이 배운 것을 주변의 모든 관계와 삶의 영역에 적용하는 것이다.

사랑은 맹목적이지만 진정한 우정은 천 리 밖을 본다는 말이 있다.

당신이 내 삶에 나타나 준 것에 감사한다. 그것이 이유가 있는 만남이든, 한 계절 동안의 만남이든, 생애를 관통하는 만남이든 모든 만남에 감사한다."

윗글을 쓴 이가 마치 내 마음을 훤히 들여다본 듯, 내가 사람들을 만나면서 느낀 모든 것이 고스란히 담겨 있어 깜짝 놀랐다. 내게 온 사람은 하나님이 보냈으며, 나의 고난을 무사히 통과하도록 돕고 지지해주려고 온다고 생각해 왔다. 사람들이 우연히 만나는 것 같지만, 우연한 만남은 없다고 생각해 왔다. '만남'에 관한 시 한 편 이렇게 써 본다.

누구도 내게 우연히 오지 않는다.
그 누구도 우연한 만남은 없다.
하나님이 보내, 내게 오는 것이다.
내 인생 퍼즐 조각으로 오는 것이다.

내게 오는 사람은
나의 부족함을 채우기 위해,
나의 고난을 통과하도록
나를 도우러 오는 것이다.

백마 타고 오는 왕자는 아니라도
백마 타고 나타나는 기사이리라.
평안을 가져다주는 천사이리라.
나의 삶에 성장을 가져다주리라.

　그동안 내 삶에 나타나 준 모든 이들에게 감사하다. 그리고 앞으로 나를 돕기 위해 다가올 모든 이들에게도 미리 감사한다. 미국 시인 마야 안젤루가 말하기를 "사람들은 당신이 한 말과 당신이 한 행동을 잊지만, 당신이 그들에게 어떻게 느끼게 했는가는 잊지 않는다."고 했는데, 내게로 오는 사람은 모두 행복을 느낄 수 있도록 온 마음과 정성을 다하고 싶다.

> **적용**　당신이 힘들어할 때 갑자기 나타나 천사처럼 도와준 사람이 있는가?
> 다른 사람이 힘들어할 때 다가가 천사처럼 도와준 경험이 있는가?

에필로그

한 번뿐인 삶이 내게 말했다

인생은 단 한 번뿐으로 행복하게 살라고.
행복하려면 나를 먼저 사랑하라고.
나를 사랑해야 남도 사랑할 수 있다고.
내가 서 있어야 이웃도 세울 수 있다고.

긍정적인 생각으로 살라고.
행복하다고 말하면 행복할 일이 생기고
할 수 있다고 생각하면 해낼 수 있으니
모든 일은 맘먹기에 달렸다고.
눈앞에 보이는 먹구름 보지 말고
구름 뒤의 푸른 하늘 보라고.

성격이 인생을 만드니, 평생 다듬으라고
둥글고 유연한 성격은 행복한 인생 만들고
모나고 고집 센 성격은 우울한 인생 만드니
정(釘)으로라도 다듬어 둥글게 살라고.

고난은 삶의 필수과목이라고.
배가 안전하고 똑바로 나아가기 위해 밸러스트를 싣듯이
삶은 걱정과 고난이 꼭 필요한 거라고.
꽃이 아침에 피어나려면 캄캄한 밤을 견뎌야 하고
꽃향기를 멀리 보내려면 북풍을 견뎌내야 하듯이
삶도 몰아치는 북풍에 캄캄한 밤 맞을 때 견뎌내라고.

지금 곁에 있는 사람을 위해 좋은 일 하라고.
"세상에서 가장 중요한 때는 바로 지금이고,
 가장 중요한 사람은 지금 함께 있는 사람이며,
 가장 중요한 일은 지금 곁에 있는 사람을 위해 좋은 일을 하는
것이다."
러시아의 대문호 톨스토이가 말했듯이, 그렇게 살라고.

이 세상 삶은 헛되고 헛되니, 하늘에 소망을 두라고
죽은 자들이 예수님 음성을 들을 때가 오나니
이 땅에서 부활의 소망으로 살라고.
즐거운 소풍 온 듯 웃으며 살라고.
이 세상 소풍 끝내는 날, 하늘에 가서
즐거웠다고, 아름다웠다고 말하라고.

출간후기

한 권의 책은
한 사람의 인생을 담은 우주다

권선복 | 도서출판 행복에너지 회장

  한 권의 책은 한 사람의 인생을 담은 우주다.
  그 안에는 고통과 눈물, 인내와 끈기, 그리고 희망과 사랑이 있어 삶의 진실이 살아 숨 쉰다. 『한 번뿐인 삶이 내게 말했다』는 그런 의미에서, 한 사람의 생애를 넘어 모든 세대에게 건네는 인생 선물이다.

  처음 원고를 받아 들었을 때, 나는 한동안 책장을 덮지 못했다. 한 문장 한 문장이 내 가슴을 두드렸고, 그 속에는 김선옥 저자의 진심이 고스란히 담겨 있었다. 저자는 평범한 일상의 언어로 비범한 울림을 만들어냈다. 그녀의 글은 화려한 수사가 아닌, 삶의 현장에서 빚어낸 '진실된 이야기'였다. 저자는 살아가면서 길이 없으면 만들고, 꿈이 있으면 도전해보라고 말한다. 삶은 도전하라고 주어진 시간이니 지금 당장 시작하라는 것이다. 그래서 이 책은 단순한 위로가 아닌, 삶을 다시 시작하게 만드는 용기의 언어다. 삶의 주인은 타인이 아니라 바로 '나'라는 위대한 선언이기도 하다.
  나는 이 책을 읽으며, 모든 것에 항상 감사하며 살아가는 것이 희망의 교과서임을 알았다. 이러한 가르침을 통해 그녀는 고난 속에서도 미소를 잃지 않았고, 삶의 어둠 속에서도 스스로를 밝히는 법을 알고 있었다. 그 마음이 곧 꽃밭에 스스로 꽃을 심는 일이었고, 그 꽃이 지금 이 책으로 피어났다.

도서출판 행복에너지는 늘 믿는다. "사람이 책을 만들고, 책이 사람을 만든다."는 진리를. 이 책을 통해 또 한 번 그 믿음이 확신으로 바뀌었다. 김선옥 작가의 진심이 한 사람의 마음을 바꾸고, 그 한 사람이 또 다른 세상에 빛을 전하게 될 것이다. 그것이 바로 '행복에너지'가 지향하는 선한 영향력의 시작이다.

이 책에는 화려한 문장보다 작가의 진심이 어려있다. 언제나 희망을 잃지 않았던 작가의 맑은 영혼이 깃들어 있다. 단 한 번뿐인 삶 속에서 긍정적인 마음으로 감사하며 뜨겁게 살아가야 한다는 신념이 있다. 그 믿음 하나로 세상은 조금 더 따뜻해지리라.

출판사 책장에 겹겹이 쌓여 있는 여러 책들 중에서도 이 책이 유독 향기가 오래 머무르는 책이 될 것이다. 그 향기는 김선옥이라는 이름이 품은 인간적인 온기와 사랑에서 비롯된다. 그녀는 글을 쓰면서 마음의 상처를 치유하고, 하나님에 대한 믿음과 감사로 영혼을 회복시킨 사람이다. 그 진정성 앞에 나는 한 명의 독자로, 또 한 명의 출판인으로 깊은 경의를 표한다.

마지막으로 이 책을 손에 든 독자 여러분께 진심으로 전하고 싶다. 당신은 이미 누군가의 사랑을 받는 사람으로 이 세상에서 가장 아름다운 꽃이다. 누군가의 인정이나 선물에 의지하지 말고, 오늘 스스로에게 꽃을 건네길 바란다. 그 순간, 세상은 당신의 미소로 다시 피어날 것이다.

김선옥 작가님, 당신의 용기와 사랑에 박수를 보냅니다. 그리고 이 책을 세상에 피워낼 수 있도록 만든 모든 분들께 감사드립니다. 이 향기로운 책이 대한민국 방방곡곡에 전해져 한 사람의 인생을, 한 가정의 행복을, 그리고 우리 사회를 따뜻하게 감싸길 바랍니다.

Note

Note

좋은 **원고**나 **출판 기획**이 있으신 분은 언제든지 **행복에너지**의 문을 두드려 주시기 바랍니다.
ksbdata@hanmail.net   www.happybook.or.kr   문의 ☎ 010-3267-6277

'행복에너지'의 해피 대한민국 프로젝트!

〈모교 책 보내기 운동〉 〈군부대 책 보내기 운동〉

한 권의 책은 한 사람의 인생을 바꾸는 힘을 가지고 있습니다. 한 사람의 인생이 바뀌면 한 나라의 국운이 바뀝니다. 그럼에도 불구하고 많은 학교의 도서관이 가난하며 나라를 지키는 군인들은 사회와 단절되어 자기계발을 하기 어렵습니다. 저희 행복에너지에서는 베스트셀러와 각종 기관에서 우수도서로 선정된 도서를 중심으로 〈모교 책 보내기 운동〉과 〈군부대 책 보내기 운동〉을 펼치고 있습니다. 책을 제공해 주시면 수요기관에서 감사장과 함께 기부금 영수증을 받을 수 있어 좋은 일에 따르는 적절한 세액 공제의 혜택도 뒤따르게 됩니다. 대한민국의 미래, 젊은이들에게 좋은 책을 보내주십시오. 독자 여러분의 자랑스러운 모교와 군부대에 보내진 한 권의 책은 더 크게 성장할 대한민국의 발판이 될 것입니다.

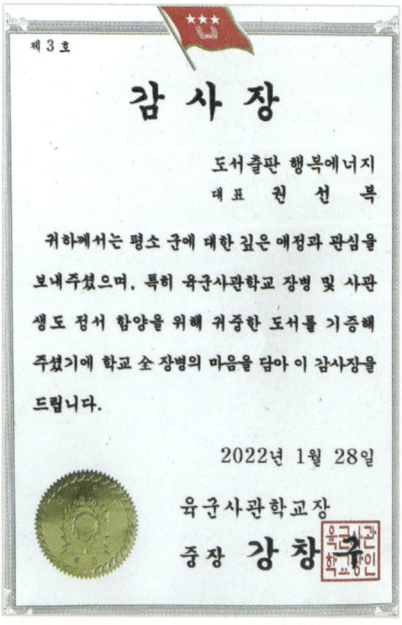